2010年超予測

史上最強の経済大国 日本は買いだ

「黄金の40年」が始まった

証券アナリスト 佐々木英信

幸福の科学出版株式会社

まえがき

長かった株式市場の低迷も、二〇〇三年春を境に変化してきました。株式市場の低迷は日本経済の低迷と軌を一にしており、経済の低迷と株価不振はほぼ同義語と考えてよいでしょう。二〇〇五年の株式相場は、日経平均が一万六〇〇〇円台で大納会を終えて、活況のうちに年越しとなりました。一九八〇年代後半のバブル期を上回る売買代金や出来高に、「バブルの再燃」といった言葉も飛び交っています。

翻って考えてみますと、二〇〇三年四月二八日に日経平均が七六〇七円を底として上昇に転じたとき、まだまだ日本経済に対して懐疑的な見方が多く聞こえていました。日経平均が一万二〇〇〇円台を回復した二〇〇四年春頃ですら、株価は再び七六〇七円を割り込むような下げに転じるとの見方を、確信を持って否定し切る人は、あまりおられなかったと思います。多くの人たちがこの株式相場の活況は経済の復活を示すものであると考え始めたのは、二〇〇五年夏頃からではないでしょうか。

これもある意味においては、仕方ないと思います。銀行や証券会社で運用を担当されている方々の大半は、バブル崩壊後かあるいはバブル期の最後の頃に金融機関に入社されており、おおよそ一三年間株式相場の下げ場面しか目にしなかったからです。「株式は値下がりするものだ」というに等しい場面しか目にしたことがなく、わずかに一九九九年から二〇〇〇年春までＩＴ関連株が乱舞し、「ＩＴバブル」と呼ばれた株価上昇場面も、一年半ほどしか続かなかったのですから。しかもＩＴ関連株がその後急落し、大きな損失を被った人達も多かっただけに、株式投資というものに慎重にならざるを得なかったことも事実でしょう。

筆者は二〇〇三年春頃に株式相場は大きな底をつけて上昇に転じるであろうと予測していました。株価上昇に対して半信半疑の方々が多かった中で、強気を唱えていたのです。一九八九年一二月に三万八九一五円で大天井を打った後、下げ相場が七六〇七円（〇三年四月二八日）で大底を打ちました。そこで明治以降三回目の大きな上げへと転換しました。

二〇四〇年代前半へ向けて三回目に当る四〇年サイクルの上げ相場へと転換したと判断しているのです。

二〇〇五年夏以降の株価の上昇は、単に株式相場が活況を呈しているだけではなく、低迷していた日本経済が力強く回復してきていることを意味しているのです。ようやく多くの人たちも日本経済が復活し始めていることに多少自信がもてた年が二〇〇五年だったと言えましょう。ただし、まだまだ確信感を持てるまでに至っていないというところが、数多くの論調にも現れています。

未来に対する見方は人それぞれであることは知っています。戦後経済の循環的な景気拡大期の「いざなぎ景気」と同じくらいの長さになったので、もうじき景気は踊り場になるとの見方もあります。循環的な景況感でみればその通りと言える部分があります。

しかし、筆者は、ここに至る景気の低迷が、循環的なものではなく、構造的なものであったと考えているのと同様に、いま起きている経済の復活も、構造的な変化を示していると考えています。四〇ヵ月、五〇ヵ月のサイクルではなく二〇年、四〇年という非常に大きなサイクルでの転換期を迎えていると思うのです。

そのように考える様々な理由を本書では語っていきたいと思い、筆を取りました。筆者は証券会社でテクニカル分野の分析を手がけているアナリストであり、経済学的な専門家ではありません。その道の専門家からみたら異論もおありかもしれませんが、三〇数年間様々な形で現場で学んできたものを基にして、現時点での総合観と言うべき思想、考え方を書かせていただきました。

この本は一九九八年から二〇〇〇年頃にかけて二回にわたって月刊誌「ザ・リバティ」に連載したものと、現在同誌に連載中のコラム「観天望気」に、新たに書き下ろしたものを入れて一冊にまとめたものです。

経済や景気の波は人々の集合想念が創っていくものであると思っています。人々が未来に対して明るい希望を抱いているときは景気が良く、人々が未来に対して悲観的になっていれば景気は悪くなっていきます。経済の統計に悪いものが出たから、景気が悪くなっていくのではありません。

現代の高校生をはじめとして、日本の若い世代の人たちの八割近くが日本の未来に対して悲観的に考えているというアンケート結果が、二〇〇五年の春先頃に報道されていました。

未来を背負う若者たちがこのように暗い想念を抱いていては、せっかく復活し始めた日本経済にとって良いことはありません。日本経済は若者達が漠然と感じている、過度に悲観するような状態では決してありません。

約一〇〇年ほどに及んだ社会主義という壮大な文明実験の末に、ソ連が崩壊したのと同時に起き始めた日本の景気低迷は、ある意味において日本の中の社会主義的なものが壊れていったということであり、資本主義や自由主義が曲がり角を迎えたわけではないのです。

むしろ日本の社会が本当の意味での自由主義になろうとし、新たな社会に脱皮するために、産みの苦しみを味わった一〇数年であったと言えます。筆者は日本の中長期的な未来は、かつて経験したことのない大きな繁栄期を迎えると考えています。本書をお読み下さった方は、どうか明るい未来を心に描いて下さい。特に未来を背負う青年たちにこのことを強く願っています。

二〇〇五年大晦日　自宅書斎にて

佐々木英信

目次　◇　史上最強の経済大国——日本は買いだ

第一章

日本の繁栄は四〇年続く

第二章

日本経済はかつてない強さになる

第三章

世界をリードする日本経済の底力

第四章

失われなかった一〇年

第五章

繁栄の世紀、勝者の条件

第六章

株価予測、私の手法

第一章

日本の繁栄は四〇年続く

新千年紀はアジア・オセアニアの時代

周期性が分かれば未来が分かる！

日本経済は、ついに復活しました。日経平均株価は、二〇〇三年四月の七六〇七円という安値から、〇五年末の段階で一万六〇〇〇円を突破しました。わずか二年あまりで二倍以上になったわけです。

かつて「失われた一〇年」と言われ、日本はすっかり自信をなくしたように見えますが、決して死んだわけではありませんでした。九〇年のいわゆる「バブル崩壊」以降の一〇数年で、日本経済は生まれ変わりました。不況の中で鍛えられて、強くなったのです。

私は、今回の株価の上昇を一過性のものだと考えていません。単にどん底から復活したというだけでなく、かつてない繁栄の時代が始まったと考えています。これから始まる日本の繁栄は本物です。一年や二年ではなく、四〇年にもわたる超長期の上昇トレンドに入ったと考えています。

本書ではその理由を様々な角度から検証していくつもりですが、その前に、私の経済予測の手法について、簡単にお伝えしておきたいことがあります（詳しくは第六章参照）。

通常、経済予測をする場合、政府の経済政策を分析したり、ＧＤＰ（国内総生産）や設備投資、雇用統計といった経済データを研究したりして、結論を出します。もちろん、私もそうした手法を使います。

しかし、あえて私は、他の人があまりとらない手法でもって、経済予測を組み立てています。それは何かというと「時間」や「周期性」に注目するという点です。

経済には、「目に見えない法則」が様々に働いています。その一つが、「周期性」です。歴史を詳細に見ていくと、一〇〇〇年ごと、一〇〇年ごとといった具合に、大きな転換期を迎えるという法則性があることを発見できます。また、ある会社の株価の動きを見ても、何ヵ月ごと、あるいは何日ごとに、上がったり下がったりするという法則性を発見することができます。

なぜ、そうなるのかは分からないのですが、事実としてそういう周期性が存在するわけです。

この世のすべてのものを貫く「生々流転《しょうじょうるてん》の法則」

その背景にあるのが「生々流転の法則」です。すべてのものは、誕生、生長、衰退、消滅という過程をたどって、変化していきます。時間の流れの中で、絶えず変転、流転しているわけです。一つの国が永遠に繁栄することはありません。繁栄する地域は、絶えず移り変わっていきます。大きくは、東洋文明と西洋文明とが絶えず興亡を繰り返しています。小さくは、町単位、会社単位、個人の人生単位で、栄えたり、没落したりします。

時間軸でみても、個人や会社なら数十年単位で、国家や文明なら、数百年とか数千年という単位で、興亡を繰り返します。空間的にも、時間的にも、大小様々な循環運動をしているわけです。

そこに、何らかのパターンを、何らかの周期性を見つけていこうというわけです。その循環運動のパターンさえ掴めれば、時代の向かう方向や株価の動きが、ある程度見えてくるのではないでしょうか。つまり、予測が可能となるのです。

具体的に見ていきましょう。

一〇〇〇年周期で文明は興亡している

まず一番大きなサイクルから見てみましょう。

「ミレニアム周期説」というものです。

つまり「一〇〇〇年周期」です。その内訳は九〇〇年が勃興期、一〇〇年が衰退期と、合わせて一〇〇〇年という超長期サイクルです。ここまで来ると、経済分析というより、「歴史」というレベルになります。しかし、経済予測というと、ついつい「来年の株価は」「来年の景気は」といった具合に短期予測ばかりに注目しがちですが、時にはグッと視点を引いて、大局を見ることが大事です。全体が右に流れているか、左に流れているのかを読み間違えると、元も子もないことがあるからです。

従って、まずは一〇〇〇年単位で歴史を見ていくことにします。

かといって、あまり古い時代では検証できませんし、できたとしても誰にも分かりませんから、多くの人にとって馴染みのあるギリシャ・ローマ時代から振り返って見ます。

紀元前六世紀は、ギリシャで賢人ソロンが活躍した時代です。このあたりからギリシャが繁栄し、ソクラテスやプラトンが活躍して全盛期を迎えます。それからアレキサンダー大王の時代を経て、ローマ文明につながっていきます。そして五賢帝の時代になり、AD二世紀になると、ローマ帝国は頂点を迎えます。パクス・ロマーナの時代です。

紀元前六世紀から数えてちょうど九〇〇年間、「地中海文明」というものが栄えたことが分かります。

この二世紀を境にこの文明は衰退に向かいます。何が起きたかというと、ゲルマン民族が侵入してローマ帝国が動揺し始めたわけです。とりわけゲルマン民族の一派であるゴート族がローマに入ると、ローマ帝国は東西に分裂して弱体化します。西ローマ帝国は、しばらくして滅んでしまいます。東ローマ帝国はしばらく続きますが、かつてのローマ帝国の光芒は完全に失ってしまいます。

ローマ帝国が衰退し、アジアの時代へ

こうしてヨーロッパ文明が衰退していった頃、東洋の中国では、漢民族が出てきて繁栄の時代を築き始めます。紀元前三世紀に秦が出て、漢になり、色々と分裂とかありましたが、大きな流れとして三国志の時代を経て晋、隋、唐、宋と様々な王朝が栄えます。西洋が没落していく時に、東洋が興隆してきたわけです。

東洋では、この間、紙、火薬、羅針盤のいわゆる「世界三大発明」を中国が成し遂げます。中国文明の頂点です。この繁栄は、一一世紀の宋の時代まで続きます。

また、七世紀からは、イスラム帝国が台頭してヨーロッパに大きな影響を与えるようになります。ヨーロッパの国々を支配し、イスラム文化がヨーロッパを席巻します。

こうして三世紀から一一世紀にかけて、イスラム社会の人たちと漢民族の人たちによる「アジア文明圏」ができたわけです。しかし、一一世紀に頂点を迎えると、宋は北と南に分かれて衰退期に入ります。

この間もちょうど九〇〇年になります。

中国では、その後、元が支配して、中国史上最大の版図を持つに至りますが、元はそれまでの漢民族ではなく、また、文明という観点で見ると、元は宋を超えたという印象はありません。文明の頂点という意味では、やはり宋が頂点だったと言えます。元は中国を支配してから、中華文明にあこがれて、逆に取り込まれてしまいます。文明としては元の時代には衰退期に入ったと見てよいと思います。ここでアジアの時代は終わります。

再びヨーロッパの時代へ

一二世紀になると、イスラムに支配されていたヨーロッパが、イベリア半島からイスラム勢力を追い落としに入ります。キリスト教勢力によるレコンキスタ（国土回復運動）もすでに一〇世紀くらいから始まっていました。

イスラム勢力は次第に追い立てられ、現在のスペインのアルハンブラ宮殿に立て篭もって、防戦一方になってしまいます（一四九二年についに明け渡してしまいます）。

象徴的だったのは、一一世紀から十字軍の遠征が始まったことです。一三世紀まで実に七回にもわたって十字軍を結成し、イスラムをヨーロッパから追い出していくわけです。こうして再びヨーロッパの時代になっていきます。今度は逆に、東洋が衰退するに従い、西洋が盛り返してきたわけです。

一四世紀のイタリアのルネッサンスを経て、スペイン、ポルトガル、オランダ、フランス、イギリス、アメリカとヨーロッパの国々が栄えます。これは現在まで続く流れです。キリスト教文明が一二世紀から二〇世紀まで繁栄したわけです。

しかし、文明が勃興するのは、これまで見てきたように九〇〇年間です。すると西洋文明は、二〇世紀の段階で、すでに九〇〇年栄えたことになります。従って二一世紀以降は、衰退に向かうことが予測できるわけです。

では、次はどこが繁栄するのでしょうか。これまで西洋と東洋と一〇〇〇年ずつ主役交代してきたことを考えると、当然、次は東洋の時代ということになります。

つまり、日本の時代です。

二一世紀はアジアの時代になる

なぜ日本の時代なのか。

よく言われるのが、「中国の時代になるのではないか」という意見です。しかし私は、中国ではなく、日本や東南アジア、オーストラリアなどオセアニアの時代になると考えています。

なぜなら、これまでの歴史を振り返る限り、少なくとも過去五〇〇〇年間は、一度頂点に立った国は、一度も返り咲いていないからです。それが一つの歴史の法則だとすると、すでに一度頂点に立ったことのある中国が、再び頂点に立つということは考えにくいのです。

アジアでまだ頂点に立っていないのは、日本であり、そしてオセアニアです。従って、すでに世界第二位の経済大国になっている日本を中心に栄え、次第に東南アジア、オセアニアと、文明が移っていくと予測できるのです。二一世紀は「アジア・オセアニアの世紀」になるわけです（図1）。

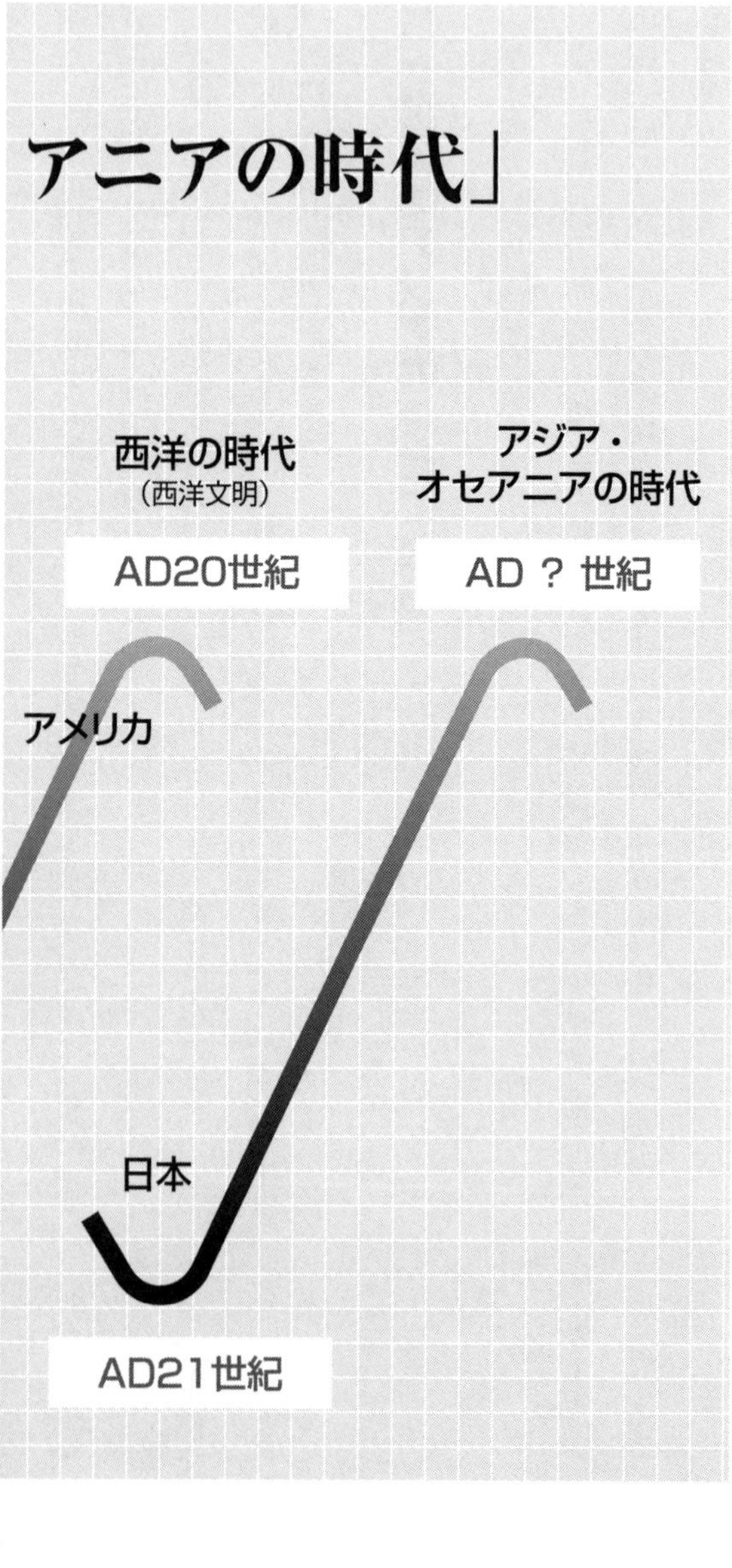

図1

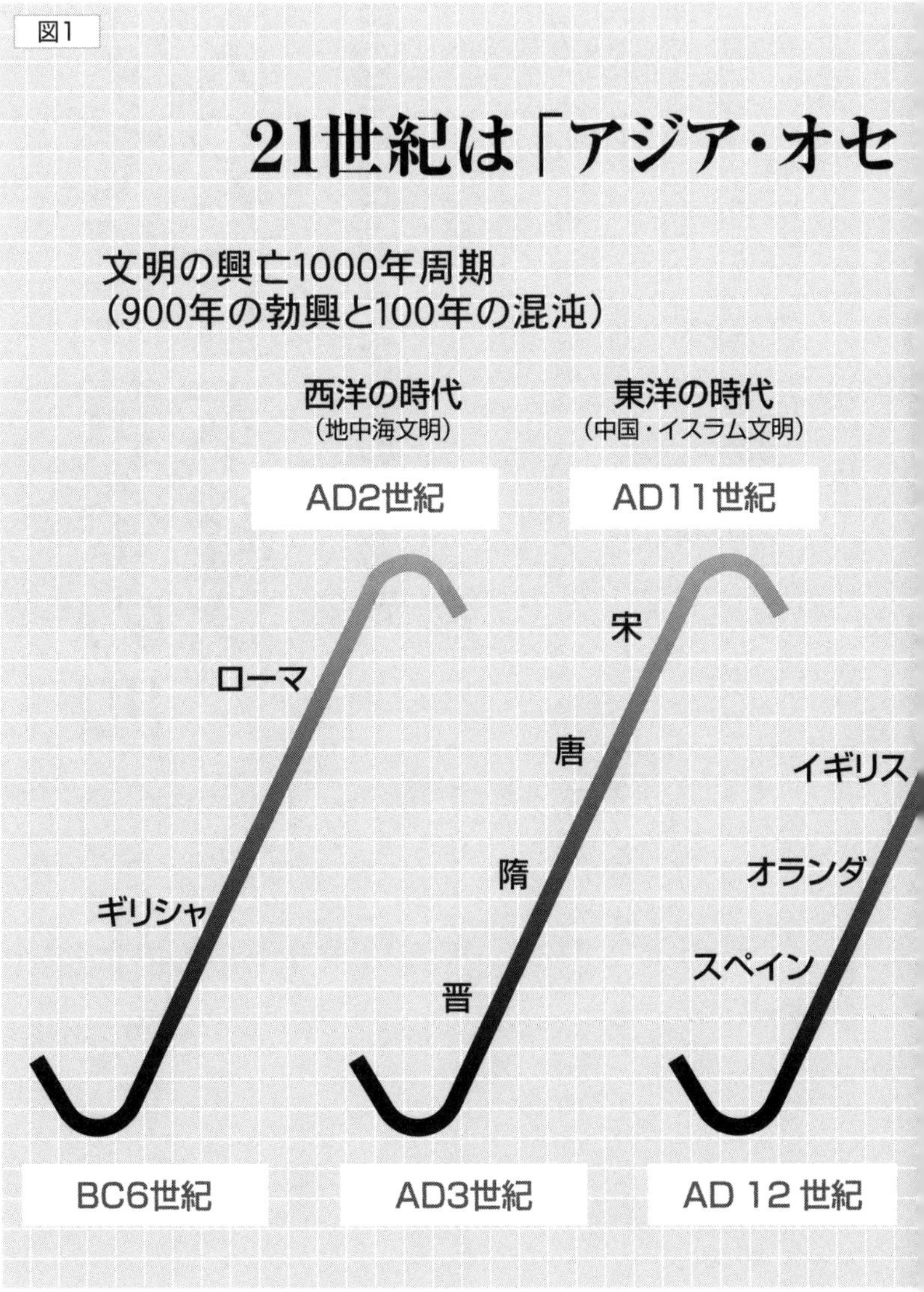
21世紀は「アジア・オセ
文明の興亡1000年周期
(900年の勃興と100年の混沌)
西洋の時代
(地中海文明)
東洋の時代
(中国・イスラム文明)
AD2世紀
AD11世紀
ローマ
ギリシャ
宋
唐
隋
晋
イギリス
オランダ
スペイン
BC6世紀
AD3世紀
AD 12 世紀

すでに「黄金の四〇年」に入った日本経済

四〇年周期で起きた江戸の三大改革

とはいえ、実際のところ、ミレニアム周期といっても、多くの人にとっては壮大すぎてピンと来ないのが実情でしょう。

そこでもう少し短い周期で見てみましょう。近代の一六〇〇年以降、この四〇〇年くらいで見ると、四〇年周期と二〇年周期というものがあることが分かります。これなら、一生のうちで体験できますから、ある程度実感できるのではないでしょうか。

日本経済の中に存在する四〇年周期から見てみましょう（図2）。

一七〇〇年以降の歴史で見てみます。江戸時代の三大改革というのをご存知だと思います。徳川吉宗の「享保の改革」、松平定信の「寛政の改革」、水野忠邦の「天保の改革」の

図2

40年毎に
新しい皮袋が必要となる

日本に存在する40年周期
(制度疲労を起こし改革が必要となる周期)
江戸時代の三大改革40年周期
明治以降の株式の上昇40年

江戸時代の三大改革	改革期間	前改革との間隔
享保の改革	1722〜1746年	
寛政の改革	1787〜1793年	42年
天保の改革	1841〜1843年	48年

株式相場の変遷	上昇期間	
明治〜大正の上げ	1881〜1920年	40年
昭和の上げ	1950〜1989年	40年

*変革の時代には必ず新しいものが芽生えている

三つです。

享保の改革は一七二二年から一七四六年まで、約四半世紀続きました。それで当時の様々な問題を解決していったわけです。

それから上杉鷹山や田沼意次が活躍する時代になりますが、再び政治や経済が制度疲労を起こして一七八七年には寛政の改革が始まります。寛政の改革をやらざるを得なくなるまで四二年間です。

寛政の改革は一六年くらい続きます。それから「化政文化」が栄えますが、一八四一年には天保の改革を始めざるを得なくなります。寛政から天保の改革までは四八年間です。

つまり、四〇年経つと、世の中の経済を中心とした仕組みが制度疲労を起こして新たに改革せざるを得なくなってしまうという周期性がそこに見てとれるわけです。

「黄金の四〇年」周期が今なお続く

この四〇年周期というのは、実は、明治以降、現在に至るまで続いています（図3）。

天保の改革が終わって四〇年近く経った一八八一年に株価が安値をつけます。

この一八八一年から、「坂の上の雲」に追いつけ、追い越せということで、いわゆる「殖

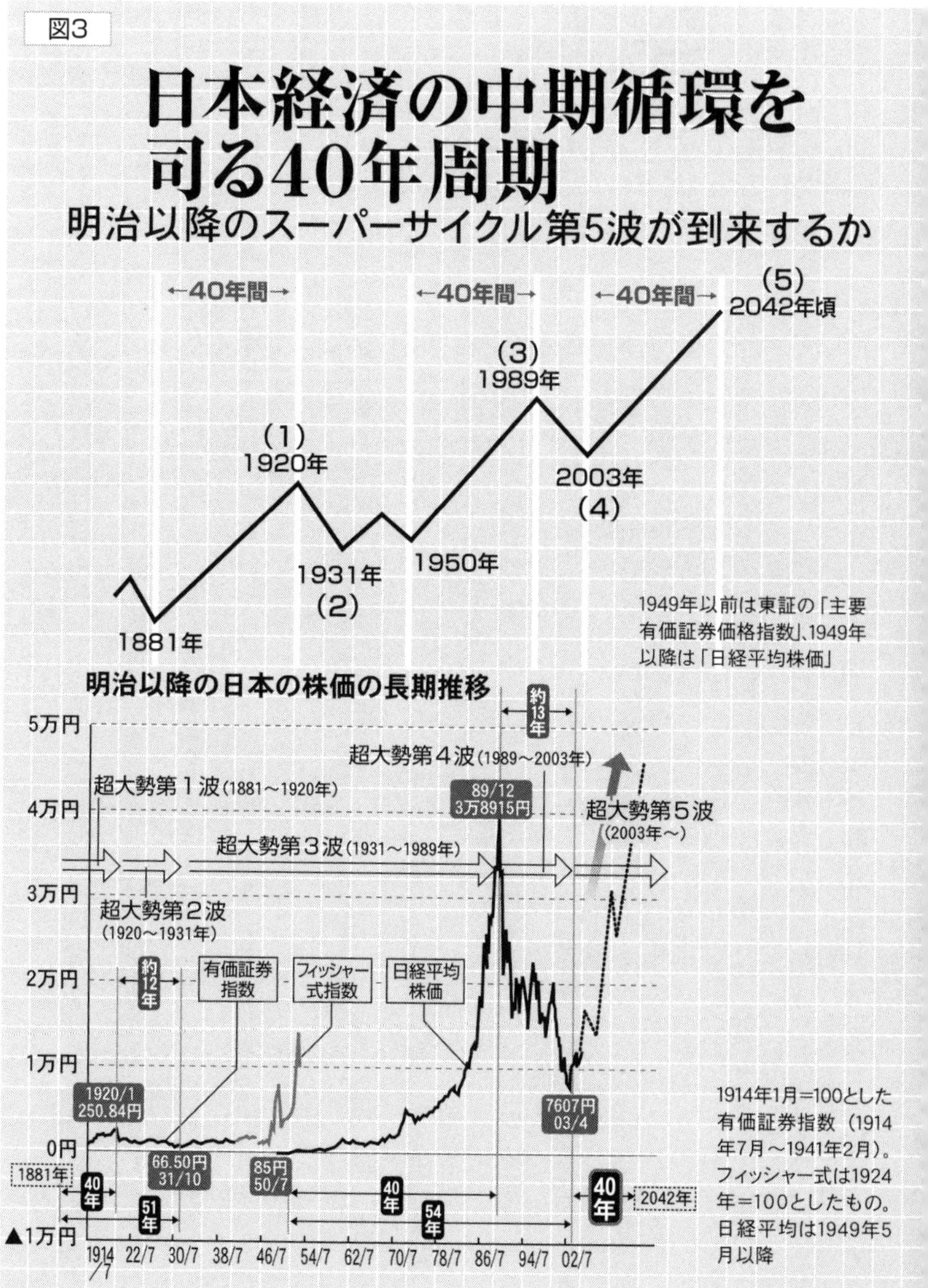

図3
日本経済の中期循環を司る40年周期
明治以降のスーパーサイクル第5波が到来するか
←40年間→
←40年間→
←40年間→
(5) 2042年頃
(3) 1989年
(1) 1920年
2003年 (4)
1931年 (2)
1950年
1881年
1949年以前は東証の「主要有価証券価格指数」、1949年以降は「日経平均株価」
明治以降の日本の株価の長期推移
約13年
5万円
4万円
3万円
2万円
1万円
0円
▲1万円
超大勢第４波（1989～2003年）
超大勢第１波（1881～1920年）
89/12 3万8915円
超大勢第５波（2003年～）
超大勢第３波（1931～1989年）
超大勢第２波（1920～1931年）
約12年
有価証券指数
フィッシャー式指数
日経平均株価
1920/1 250.84円
7607円 03/4
66.50円 31/10
85円 50/7
1881年
40年
51年
40年
54年
40年
2042年
1914/7 22/7 30/7 38/7 46/7 54/7 62/7 70/7 78/7 86/7 94/7 02/7
1914年1月＝100とした有価証券指数（1914年7月～1941年2月）。フィッシャー式は1924年＝100としたもの。日経平均は1949年5月以降

産興業」をやって、日本経済は快進撃を始めます。そして欧米列強の仲間入りを果たします。第一次世界大戦頃を境に重化学工業の発展と未曾有《みぞう》の企業勃興期を迎え、株式市場は活況を呈しました。そして実に一九二〇年に株価のピークをつけるまで、四〇年にわたって日本の経済はずっと成長し続けるわけです。まさに近代日本最初の黄金時代を築いたのです。

しかし、ここから経済は軋《きし》み始めます。関東大震災、昭和恐慌、世界恐慌など、混乱が一二年ほど続きます。一九三二年から徐々に回復するのですが、これから太平洋戦争に入ってしまい、ほとんど株価は動かない状態になります。

戦争が終わって、一九五〇年に株価は底を打ちます。ここから日本の奇跡の復興が始まります。高度成長を経て、オイル・ショックも乗り切り、四〇年後の一九八九年に、いわゆるバブルの頂点をつけます。この四〇年にわたる経済成長の時代は、近代日本の第二の黄金時代だったといえます。

くしくもこの頃、昭和天皇や松下幸之助が亡くなります。それに合わせるかのように、日本は暗い時代に入っていきます。ここから調整期間が二〇〇三年まで続きます。一三年くらいの期間です。俗にいう「失われた一〇年」と言われる期間です。これは十二支の一回り分の期間になります。これくらいの期間を経ると、最悪期を脱して、回復期に入るわけです。

一七六〇年以降の世界中の株式を調べてみますと、大きな景気後退とともに起きる株価の下落は、ほとんどが一二〜一三年間です。これも一つの法則になっているようです。

これは言い換えると、一度制度疲労を起こしたものは、一二年くらいかけないと立ち直らないということかもしれません。

四〇年周期が存在する理由

ここで改めて考えてみたいのは、なぜ四〇年周期なのか、ということです。

これはどんなに良くできたシステムも、四〇年経つと制度疲労を起こすということです。

四〇年というのを、企業に喩えてみましょう。たいてい新しい会社というのは、創業者が二〇代で起業して、四〇代で何か事をなし、六〇代前後で大成していく――といった流れで成長していきます。つまり四〇年がかりで一つの大企業ができあがるわけです。しかし、創業社長が六〇歳を過ぎる頃になると世代交代が起きて、若い世代のことが分からなくなります。ニーズが分からなくなったり、新しい技術が分からなくなったりするわけです。分からないから時代の変化についていけなくなるのです。

本田宗一郎さんのような人でも、機械は分かるが、エレクトロニクスは分からないということで、六〇歳を過ぎたらついていけなくなってしまいました。しかし、そうと気づくや後進に道を譲ったために、本田技研工業という会社は、その後も成長し続けました。しかし、ついていけなくなったのに、それを認めずに突っ走ってしまうと、ダイエーの中内さんのようなことになってしまうわけです。

すると、息子の方が四〇歳前後になると「親父たちとは時代がちがうんだよね」などと言うようになるわけです。通常、一人の人間が成長し続けられるのは、個人差はありますが、だいたい四〇年くらいと見てよいのではないでしょうか。ですから、社会全体で見た場合も、どんなに若くて勢いがあって、優れた社会システムであっても、四〇年もすると限界を迎えるということなのかもしれません。

第三の「黄金の四〇年」へ突入

いずれにしても、一九八九年で戦後の経済成長システムが四〇年にわたって働き続けた結果、制度疲労を起こしました。それから「失われた一〇年」といった混乱期を経て、二〇〇三年に株価が安値をつけ、それから力強く上昇してきました。この動きは、日本の次なる「黄金の四〇年」のスタートだと言えます。第三の黄金時代です。

第二の黄金時代だった戦後の経済成長は、政府の社会主義的な政策によるものでした。よく「日本は世界で最もうまくいった社会主義国」と言われますが、その通りで、「銀行を一行も潰さない」という旧大蔵省の護送船団方式に象徴されるように、日本の産業を規制で保護づけにしてきました。しかし、戦後の混乱期から経済を離陸させるには効果はありましたが、すでにアメリカに次ぐ経済大国となった今では、保護づけではこれ以上成長できなくなったわけです。

その意味では、「失われた一〇年」というのは、政府の政策転換の遅れによって「失った一〇年」ではないかと思います。

しかし、これは「生みの苦しみ」と言えるものでした。焼け太りした脂肪を落として、筋肉質になって、いよいよ日本経済は復活するということです。そして明治以降三回目の大きな上げ（四〇年周期）に突入したと言えるのです。

今までの考え方はもう通用しない

これまで見てきたように、この四〇年周期は、三〇〇年以上にわたって続いている重要な法則です。四〇年ごとに新しいシステムに生まれ変わってきているのです。ということは、今まさしく新しいシステムになろうとしているわけです。

従って、各企業においては、また、各個人においても、今までのやり方を見直さなければ、次の時代の波に乗っていけません。

「本当に世の中に貢献できるものは何か」「自分の会社はここに存在する必要があるのか」といった根源的なものを問い直すことで、蘇生する企業が出てきています。混乱期、変革期の時代には、必ず新しいものが芽生えてくるのです。

次の四〇年に通用するシステムに創り変える動き、試行錯誤する動きが、ようやく始まりつつあります。

弱肉強食の資本主義は外資の専売特許ではない

新しい勢力のある種「何でもあり」的なやり方を「外資の考え方だ」という人もいますが、必ずしもそうではありません。

戦前では日本人だって、そういう考え方をしていました。戦後では、社会主義的になって、あまり起きませんでしたが、他社の大番頭を引っこ抜いていくなんてことはしょっちゅうでした。今でいうヘッドハンティングです。やり手の人物がいれば、高額の年俸で引き抜くのは日常茶飯事で起きていました。そして、一人で何社もの重役を兼ねる人がたくさんいました。実力一本の世界です。

二〇代の若さで頭角を現し、のし上がっていく人がたくさんいました。阪急グループの創業者の小林一三とか、西武グループを創った堤康次郎とか、東急グループの五島慶太とか、みなそうです。悪く言うと弱肉強食の世界でした。

その意味で、戦前の経営者は、スケールの大きな人物がたくさんいました。それに比べると、戦後の経営者はある意味で、少々小粒な感じがします。

例えば、戦前から活躍した創業者というと、松下幸之助、豊田佐吉、本田宗一郎、井深大、盛田昭夫、と錚々《そうそう》たる名前が並びます。戦後も稲盛和夫さん、永守重信さん、小倉昌男さん、樋口廣太郎さん、高原慶一朗さんなど、素晴らしい経営者はいますが、社会全体に影響を与えたというのとは少し違います。業界の中では大きなインパクトを与えていますが、日本の国そのものに大きな影響を与え、時代を変えてしまうというところまではいっていないように思います。もっとも日本経済自体があまりにも大きくなったので、今となってはそれほどの仕事ができなくなった面があることも事実ですが。

いずれにしても、次の四〇年には、資本主義を真に理解した企業家が次々と出てくるでしょう。特に市場経済に強いタイプの企業家です。価格は創り手が出すのではなく、マーケットが決めるという本来の市場主義を理解した経営者でないと、これからの時代は乗り切っていけません。これが新たな四〇年周期の始まりです。

伊勢神宮の式年遷宮で景気が読める!?

建設循環（クズネッツ・サイクル）という二〇年周期もある

周期説には、ほかにも四年周期、一〇年周期、二〇年周期があります。またコンドラチェフ・サイクルという五五年から六〇年の周期もあります。コンドラチェフ・サイクルについては、そのあまりの長さに、「ある」という人と「ない」という人に分かれて議論されています。ほとんど人生と同じくらいの長さなので、体験的に検証できないからです。

私はどう考えているかといいますと、一〇〇〇年周期説を言っているくらいですから、六〇年程度の周期だったら、当然存在するものと見ています。このコンドラチェフについては、あとで触れます（81ページ）。

なお四年周期は消費のサイクルで、一〇年周期とは設備投資の循環です。これも多くのエコノミストが研究していますので、ここでは特に触れません。

ここで取り上げたいのは二〇年周期です。二〇年周期とは、建設循環の二〇年周期で「クズネッツ・サイクル」と呼ばれています。

建物は一〇年ごとに建て替えるわけでなく、二〇年ぐらいで建て替えてくる。その象徴が伊勢神宮です。式年遷宮といって、二〇年ずつ建て替えています。それがなんと一三〇〇年も続いています。第一回目の式年遷宮が行われたのは、六〇〇年代のことです。隣り合わせになった二ヵ所を、行ったり来たりしながら社を建て替えていくわけで、それぞれの建てる場所を「金の座」（かねのくら）と「米の座」（こめのくら）と呼びます。

二〇年ごとに建て替えていき、四〇年で一巡しますので、ここでも四〇年周期が出てきます（私の言う四〇年周期説とは時期がずれています）。

太平洋戦争前後は「金の座」

伊勢神宮が「米の座」にある時に、どんな経済現象が起きているか、「金の座」にある時はどうかということを観察していくと、興味深い事実が見えてきます。

米の座にある時は安定成長の時期で、金の座にある時は急成長したり急反動が起きたり

図4

建設循環（クズネッツ・サイクル）と同じ20年周期 伊勢神宮の式年遷宮

伊勢神宮の式年遷宮——20年

伊勢神宮の宮は20年ごとに建て替え、40年で一巡する

米の座（こめのくら）20年
金の座（かねのくら）20年

神宮式式年遷宮	開始時期
第58回式年遷宮（金の座）	1933年
第59回式年遷宮（米の座）	1953年
第60回式年遷宮（金の座）	1973年
第61回式年遷宮（米の座）	1993年
第62回式年遷宮（金の座）	2013年

する激動期になっているのです。戦争や天変地異が多いのも金の座です。

例えば、一九三三年から一九五三年までが金の座ですが、この時期に何が起きたでしょうか。日本軍が中国戦線に拡大していき、満州帝国をつくったり、中国に進出していったりした時期です。そして、ついには日米戦争に突入し、負けてしまいます。

高度経済成長は「米の座」

一九五三年からは米の座に入ります。ここから世界中が驚いた高度成長が始まります。図5は経済成長率の図です。一九六〇年代を見ると、高度成長で一〇%台の成長にあることが分かります。日本は戦争の空襲で何もかも無くなってしまったので、生活の衣食住を整えないといけない状況になりました。生活必需品をある程度の水準まで戻さないといけないという切迫した需要があり、高度成長が生まれたわけです。

オイル・ショックからバブル崩壊までは「金の座」

七四年には経済成長率がマイナス〇・五を記録していますが、これはオイル・ショックです。それから八〇年代後半からは急成長して、いわゆるバブルになります。上がったり、

図5

低成長時代から巡航速度時代へと復活

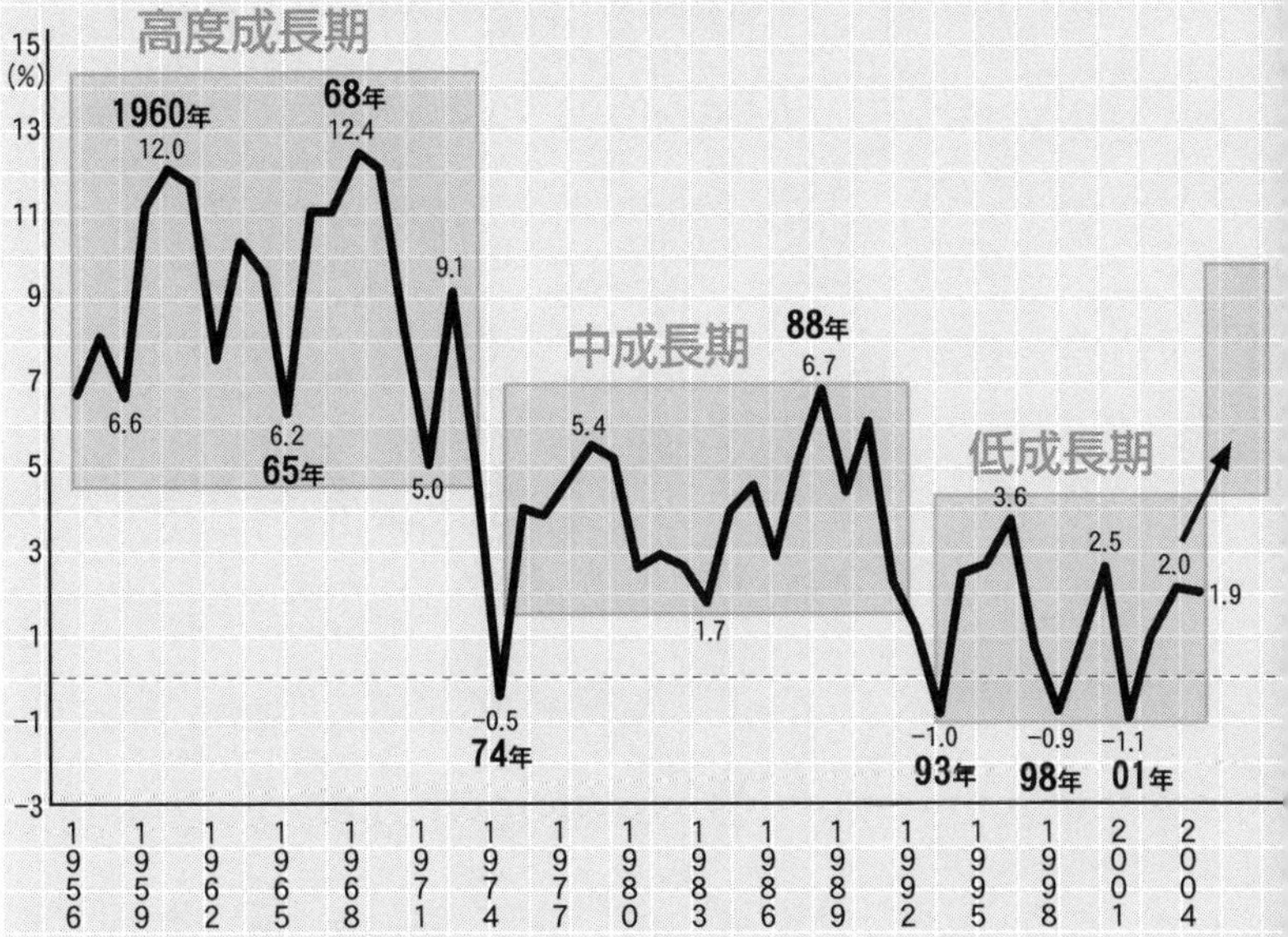

下がったりした二〇年だったわけです。

さらに、一九九三年からは米の座です。ここから低成長の時代に入ります。バブル崩壊後はマイナス成長になっていますから、厳しいどん底です。二〇〇一年からようやく復活し、巡航速度で二%に入っていくだろうと政府予想の通りになっています。要するに、米の座として、下で安定したわけです。

次は二〇一三年から再び金の座に入っていきます。おそらく急成長の時代に入っていくでしょう。その詳しい理由については、第二章で述べます。

振り返ってみますと、高成長の時代、中成長の時代、マイナス成長の時代と移ってきたことが分かります。ここからトレンドが上昇に転じて、次は中成長の時代へと向かおうとしているわけです。いずれにしても、大枠で言って二〇年周期で、成長率のリズムが変わっていることがお分かりになるでしょう。

地理風水でも日本の繁栄が見えてくる

風水は周期性の学問でもある

二〇年周期説を全く違う観点で見てみましょう。

ここで使うのは「地理風水」です。地理風水は実は、研究してみるとかなり広大な体系となっています。風水というとドクターコパの世界を思い浮かべる人も多いでしょう。「ベッドの置き場所はどこがいい」みたいなことを言っていますが、それとは少し違う話になります。

イヤシロチとケガレチという考え方があります。穢れを持っている場所と、パワーを持っている場所があるという考え方です。イヤシロチ（弥盛地）とは、日がさんさんと降り注ぐようなパワーのある場所で、ケガレチ（気枯地）というのは湿気が多くてじめじめしたところです。つまり、発展・繁栄のエネルギーに満ちた土地と、マイナスのエネルギーがあるような土地とがあるわけです（実は磁力と関係しています）。

ここで重要なのは「玄学」です。これは一つ間違うと眩学と「眩《くら》ます」方になってしまいますが、そちらではなく、玄学とは周期で見るという学問です。四〇〇〇年にわたる歴史の中に周期性を見て、最もパワーの強い場所を見つけていこうとする確率論のようなものです。

地理風水というと方位学だというイメージがありますが、時間というモノサシを使って、周期性を見ていくことも地理風水の重要な要素なのです。

風水で見ても、やはり日本は大発展

玄学には「元」と「運」という概念があります。「三元九運論」と言います。元というのは三〇年を一つの単位として、上元・中元・下元と、九〇年ずつ強くなったり弱くなったりします。二回転で一八〇年となります。運は、地面のパワーで一から九まであります。一つは二〇年で、これが最小単位となります。一から九まで一回転して一八〇年となります。一八〇年で元も運も一つのサイクルをなします。

例えば一九五四年は「下元の六運」となります。八白艮龍《はっぱくごんりゅう》といいます。「力強い、急激な変化」を表します。東京の命運で見ると、一九五四年から一九八三年は、力強い急激な変化として、高成長を遂げた時期です。

次の一九八四年から二〇〇三年は一白坎龍《いっぱくかんりゅう》という地龍で、「隠れる、憂い、内柔外剛」を意味します。昭和天皇が亡くなり、松下幸之助が亡くなった時です。一つの時代を象徴するような方が相次いで亡くなったわけです。また、マスコミが好景気をバブルだと騒ぎ立て、それが憂いとなって不況という形で現実化します。外には靖国問題や基地問題が出てきます。そういう時代が二〇〇三年に終わります。

二〇〇四年から二〇二三年は三碧震龍《さんぺきしんりゅう》です。これは「生気、繁忙、賑やか、有名」の意です。再成長期に入ると読み解きます。このように、地理風水でいう循環論で見ても、これからの東京の「地のパワー」は高まっていくことが分かります。東京は、日本全体の命運を握る土地でもありますから、東京の地運が上がるということは、日本そのものの未来も明るいということになります。

ポジティブ電流とネガティブ電流

実は地面には、ポジティブ電流とネガティブ電流が流れていると言います。ポジティブ電流が流れる時は、その土地の磁力が高まります。ネガティブ電流が流れる時はその土地の電流が弱まってきます。

その強弱はやはり二〇年ごとに変わります。ポジティブ電流からネガティブ電流に切り替わるまで二〇年、またネガティブ電流からポジティブ電流に切り替わるまでに二〇年です。ポジティブ電流に切り替わると、不思議とその土地が繁栄し始めます。これを知っていたので、中国では都を変える時に、この地理風水の玄学を都の候補地に持っていって、どの都市が一番磁力が強いか、地理風水の大きな磁石を持っていて、実際に測って見るのです。日本も、この地理風水の考え方をもとにして、京の都を造りました。

風水でパワーアップした江戸城

実はその磁力の強いところに建物を建てているのが、宗教施設です。霊感が強い宗教者はさすがに、そういうことをよく知っていたのです。レイラインといって、ヨーロッパの地名で、語尾にLEEとかLAYとかLEYだとかあるところには、例外なく古代遺跡がありますˇ。古代遺跡のあるところを地図上で線を結ぶと直線で結べます。このレイラインは周りより磁力が強いのです。例えば、ストーンヘンジなどもレイライン上に立っています。そういう場所に、建物を建てると結界ができるわけです。空海もそういう知識を持っていて、高野山に結界を造っています。

この原理を近世で知っていたのは天海《てんかい》という僧侶です。なぜ徳川家康は、天海を重用したか。それは家康は天海が地理風水を学んでいたことを知っていたからです。天海は太田道灌の造った江戸城の本丸を、磁力の強い現在の位置に創り直させたのです。実際、そこから江戸の繁栄が始まります。

江戸城の堀は渦状になっていますが、それも風水の考え方で、外部からのパワーを巻き込んできて本丸に集めるようになっています。筑波山とか、富士山とか、谷川山系とか、山脈の尾根が江戸に向かって降りてくるわけですが、それが重なってくるのが江戸城です。ここのパワーが一番強いのです。また、浅草寺と芝の増上寺、江戸城と一直線に並んでいて、さらに横浜につながっていきます。横浜もパワースポットの一つです。江戸時代はただの漁港だったのに、開港したら三〇〇万都市になってしまいました。磁力が強いからです。

ちなみに、風水の思想は、空海が中国で学んで日本に本格的に持ち帰りました。結界を三角形で作っていくという原点は空海にあります。それを天海も学んで、江戸の町で色々と寺を集めましたが、三角形の魔法陣を造っています。

今後さらにパワーアップする東京

この江戸城の持つ大きな磁力が、そのまま東京の磁力として受け継がれます。現在、日本で一番パワーが強いのが東京で、東京で一番強いのが皇居だと言われています。

なお、一〇〇年ほど前に一番強かったのはロンドンで、次にニューヨークに移り、今は東京（皇居）となっています。このパワーが強い時に都市が発展します。パワーが落ちてくると、世界の中の地位や影響力が落ちていきます。

二〇〇三年までの二〇年周期では、東京の磁力は弱かったのですが、二〇〇三年以降は強くなります。この磁力はサイエンスで測れるものだけに、地理風水と言っても占い的なものとは違うと考えてよいでしょう。

どこかの本で読んだのですが、皇居の磁力の強さは、ニューヨークの五倍もあるそうです。戦前は上野や浅草が強かったらしいのですが、今は赤坂、六本木、新宿・渋谷が強く

図6

日本の命運を握る東京の「地のパワー」
20年周期で循環する磁力

地理風水の玄学に見る日本(東京)の命運 2004年～再び陽は昇る

地理風水の玄学(歴史における循環論)～
三元(上元、中元、下元)九運(一運～九運)論

三元九運	地龍	時期	地龍の意味
下元の六運	八白艮龍	1954～1983年	力強い、急激な変化 (戦後日本の奇跡の復興期)
下元の七運	一白坎龍	1984～2003年	隠れる、憂い、内柔外剛 (安定成長期から不況期)
下元の八運	三碧震龍	2004～2023年	生気、繁忙、賑やか、有名 (再成長期)

なっています。東北から西南へ移っているわけです。

以上、まとめてみますと、二〇〇三年から東京の磁力は強くなっています。二〇〇四年からの二〇年周期では再成長期に向かいます。式年遷宮の二〇年周期で見ても、日本は二〇一三年から金の座に入り、繁栄に向かいます。四〇年周期で見ても、二〇〇三年から第三の黄金期として四〇年周期の上昇期が始まっています。さらに一〇〇〇年周期でも日本の時代がやってくるということでした。

つまり、周期性のパターンで見る限り、長短どのモノサシで測っても、日本が繁栄するという予測が立つわけです。

第二章

日本経済はかつてない強さになる

設備投資の強さこそ日本の強さ

設備投資は経済の繁栄と密接に関係している

第一章では「周期性」に着目して、日本の未来が明るいという予測を立てました。

次に、では、どのような形で日本が繁栄していくのかを、もう少し具体的に、様々な経済データを使って説明してみましょう。

私の同僚が設備投資と経済の強さを明確にしました。GDP（国内総生産）に占める企業の設備投資の割合が高まると、経済が活発になるというものです。企業の設備投資が増加するということは、それだけお金が活発に動いていくということです。経済が発展・繁栄している時は、人・物・金・情報という経営資源が、右から左へと活発に動いています。

GDPに占める設備投資の割合は、八四年の一三％台から九一年の一九・七％でピーク

（天井）を迎えます。このときに何が起こったのでしょうか。株価です。設備投資がピークを迎える前に、それを察知した可能性があります。設備投資のピークは、一九九一年です。企業の設備投資のピークは、経済成長のピークに当たります。さらに、それに先駆けてピークを迎えるのが株価です。

株価は八九年がピークですから、株価の方が少し早いわけです。

設備投資の上昇が日本経済を引っ張る

株価はそれからずっと一三年も下がって、底を打ったのは二〇〇三年四月です。設備投資の方は、不況でモノが売れなくなり、過剰設備を抱えてしまい、設備投資が手控えられるようになりました。

二〇〇〇年のＩＴバブルの時期に、少し上に戻していますが、次の重要なボトムが二〇〇二年の一五・四％が底で、ここまで余剰設備、過剰設備を償却してきました。しかし、ここへ来て新たに設備を作らなければいけない状態になりました。

現実問題で言いますと、石油プラントや流通業界のシステム装置とかは、七〇年代から八〇年代の前半に設置したのが多く、かなり老朽化していたのです。これらの設備投資の更新需要がこのあたりで起きてきたのです。設備の入れ替え時だったわけです。

それも石油関連のプラントの金額に匹敵するくらいの需要が、化学などの分野で出始めています。こうして設備ができると、これは投資ですから、後でそれを使って売上が立つようになるわけです。売上が上がると、また設備投資をするという流れになります。すると、八年とか一〇年とか、設備投資がずっと続くようになります。これが日本の復活の重要なシナリオとなります。

アメリカでも設備投資と株価は連動している

アメリカはどうでしょうか。九二年に七・六%でボトムとなっています。このボトムから上がり出していったので、アメリカ経済は活性化していったわけです。それと同じ歩みでアメリカの株価も上がっています。経済が活性化してできたお金がアメリカの株に変わったわけです。株価は二〇〇〇年にピークを作っていますが、設備投資のピークも二〇〇〇年です。

実は戦前の日本も一九二〇年が設備投資のピークで、株式も同じく一九二〇年がピークでした。アメリカの設備投資のピークは一九二九年で、株式も一九二九年をピークにブラックチューズデーで大暴落しています。設備投資の動きは、景気の動向を示す、最も重要なデータの一つなのです。これは、その国の繁栄は何が支えているかというと、公共投資ではなくて、民間の設備投資であるということを示しています。

設備投資の動向で見る限り、日米逆転もありうる

さて、重要なのは、これからの設備投資の動向です。先ほど説明したように、日本では、設備投資が盛り上がってきています。従って日本の景気は上向くことが予測されるということでした。

一方のアメリカは二〇〇〇年のピークから、設備投資を減らしています。日本は設備投資が増え、アメリカは減らしている。これは株価や景気に直結してきますから、この流れが変わらない限り、日本とアメリカの経済力の交差が起きる時代に向かっていくということになります。ここからも、日本の時代がやってくるという結論が導き出せるわけです。

二〇〇七年問題は恐るるに足らず

四〇代の法則

「団塊の世代が退職すると大型景気がやってくる」とある人気エコノミストが言い始めています。実は私も二〇〇五年五月に同様のことを言っていました。

通常は、「二〇〇七年問題」と言われるように、人口が多い団塊の世代が二〇〇七年前後に、大量に退職するため、莫大な退職金が必要になるのと、労働力不足への不安から、せっかくの景気回復の動きが止まってしまうのではないかと言われています。

しかし、この問題については、ほとんど心配ないと考えています。

その国の経済が発展する時は、ほとんど例外なく、四〇代が大型消費をする時です。なぜかと言えば、ちょうど四〇代というのは、家を持つ年代なのです。一戸建てを買ったり、マンションなどを買ったりします。すると、それだけでなく、電化製品をローンで一緒に買ったりするわけです。冷蔵庫、洗濯機、電子レンジと、色々と買い込みます。従って、人口ピラミッドで、四〇代が一番多い時代になると、その国で大型景気が実現するわけです。

一九九八年のアメリカの人口統計を見てみましょう（図7）。三五歳から四〇代の世代が最も人口が多いことが見て取れると思います。アメリカが株価のピークをつけたのは二〇〇〇年ですから、見事に一致しています。

日本の場合はどうでしょうか。日本のバブルと言われた八〇年代を見てみましょう。特に八五年くらいから、経済は大きく成長をしたわけですが、実はこの時期は、団塊の世代が四〇代だったのです。一九八九年の日本の人口構成を見ると、団塊の世代が四〇代になっています。そして、まさにこの時に日本の株価が天井をつけています（図8）。

実は、これはドイツでもイギリスでも同じ現象が出ています。ですから、これも一つの法則といってよいでしょう。四〇代が最も人口の多い時代には景気は拡大するという法則です。

図7

米国2000年までの経済成長は40代世代の消費が要因

■米国の年齢別人口統計（1998年）

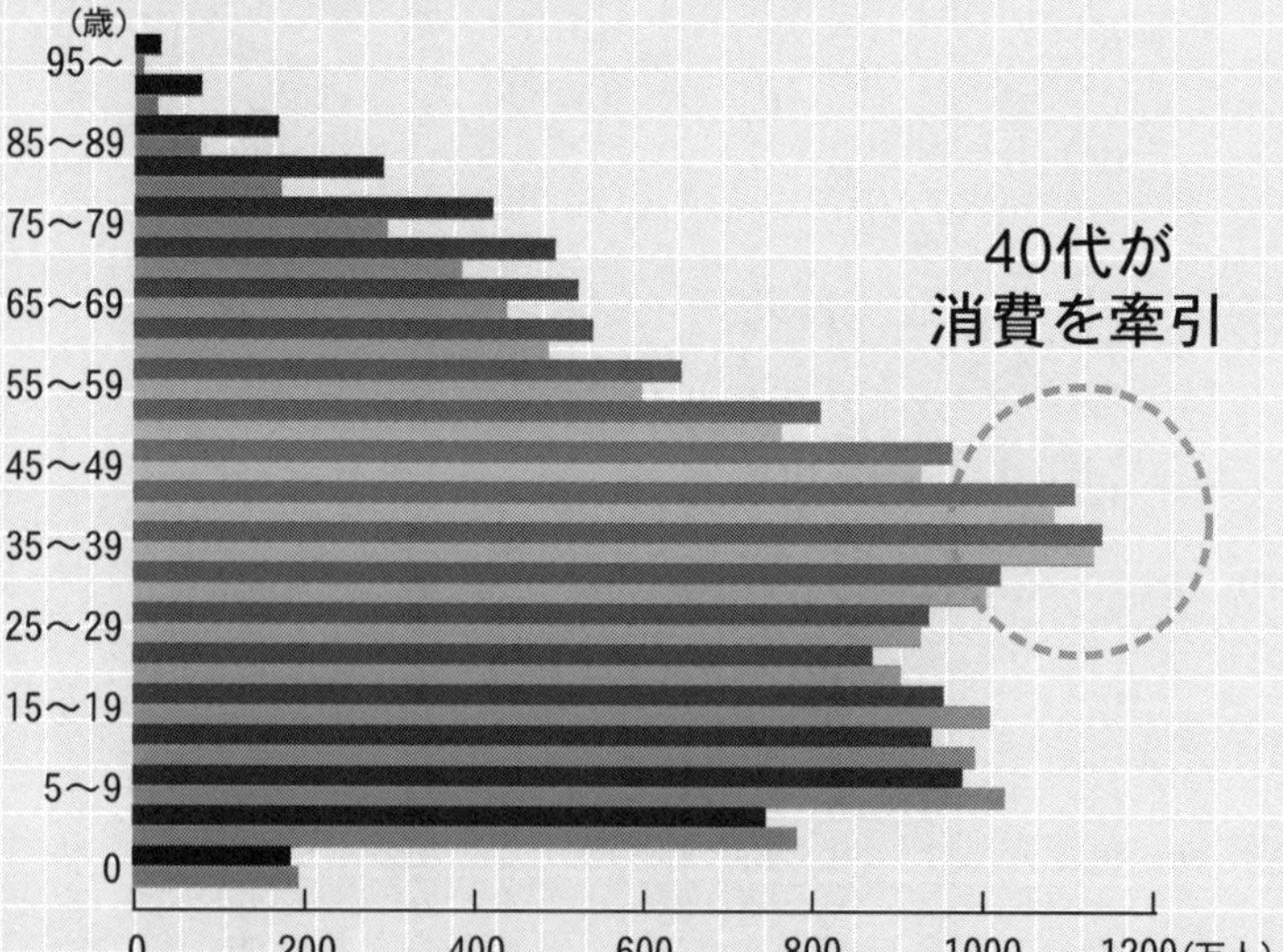

図8

1989年までの経済成長は40代世代が牽引

■日本の年齢別人口構成（1989年）

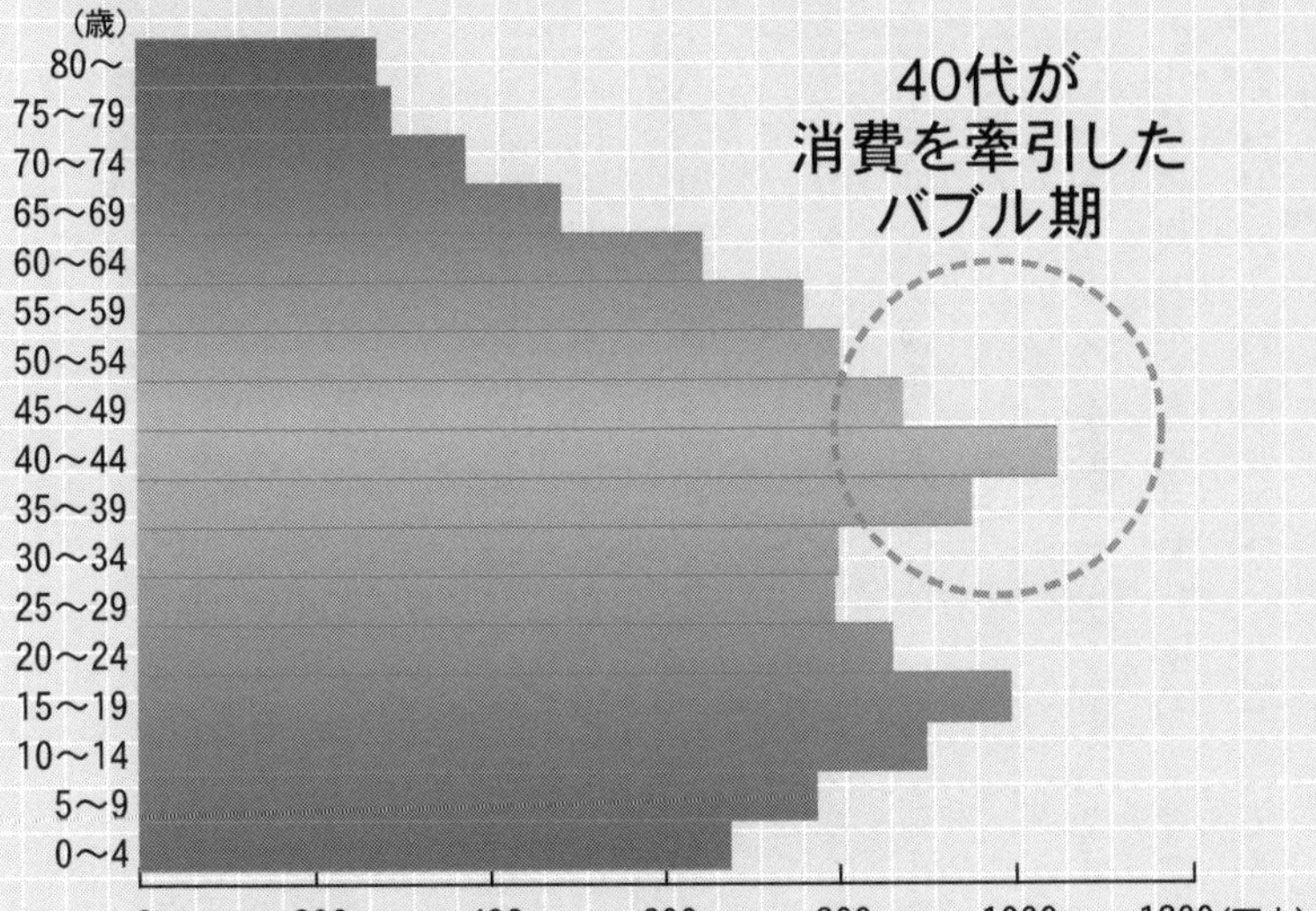

四〇～五〇兆円もの退職金の支払いが迫る

話を二〇〇七年問題に戻しましょう。団塊の世代は、二〇〇七年から二〇一〇年の四年間で退職することになります。退職にあたっては、デメリットとメリットの両方が生じます。

デメリットは何かと言いますと、四年間で企業は推定四〇～五〇兆円もの退職金を払わないといけないということです。これは大変なことです。なにせGDPが五四〇兆円です。GDPの一〇分の一に当たる金額を使わないといけないという考え方です。確かにこれは大変な問題だと言えます。

一方、メリットは、その四〇～五〇兆円さえ払ってしまえば、人件費の負担が一気に軽くなるということです。高給取りの団塊世代がいなくなれば、一気に人件費が安くなるわけです。極めて収益が出る構造になるのです。

つまり、一定の時間を過ぎるとデメリットがメリットに変わるわけです。従って、最初の四年ほどは確かに大変だが、それを凌げば、見通しは非常に明るくなるということです。退職金の支払いのメドさえつけば、デメリットはなくなるということです。

すでに始まっている団塊対策

もう一つの問題は、特に製造業において顕著ですが、技術の伝承の問題です。極端な会社では、二〇〇七年から二〇一〇年までに全従業員の三五％が退職してしまうそうです。すると何が起きるでしょうか。

技術の伝承ができなくなるのです。現実に起きてきている問題です。かといって、この人たちを再雇用すると人件費の負担に耐えられません。大量の退職金を支払った上、また雇って賃金を払うなら、先ほどの話で言えば、デメリット続きです。従って、この方法は取りにくいわけです。

そこで出てきた発想が「では機械にやらせよう」という考え方です。つまり「省人化」です。できるだけ少ない人数で仕事を回せるようにするという「省人化投資」です。これは「省力化投資」でもあります。さらに、そのためには、「情報化投資」も必要になります。この「省人化」「省力化」「情報化」に向けた投資は、団塊世代の退職問題の対応策として、今、実際に動き始めています。

さらに、これに加えて、「省エネ投資」も盛んになっています。これはオイル・ショック以来の日本のお家芸です。これからの時代、国際的な競争に打ち勝っていくためには、「当社は環境に配慮する会社ですよ」ということを強くアピールしなければならないのです。

団塊対策ですでに設備投資がバブル期並みに

「省人化」「省力化」「情報化」「省エネ化」の四つの投資は、機械や設備への投資となって現れてきます。

図9は「全産業の実質法人企業設備投資」です。これで見ると二〇〇五年三月は一三兆一一〇〇億円とバブル期のピークに迫っていることが分かります。ターニングポイントはどこだったかというと、二〇〇二年九月です。なぜこんなに活発になったかというと、先ほど説明した設備や機械の更新需要が来ているということに加え、団塊の世代の対応策として、省人化、省力化、情報化、省エネ化投資が始まったからです。

倉庫業界では最新設備を持つ者が市場を制す

この四つの投資の活発化について、ミクロレベルの動きで見てみましょう。

設備投資の更新需要の現場では、こんなことが起きています。

図9

企業の実質設備投資は02年から回復に向かいバブル期のピークに迫る

■全産業実質法人企業設備投資

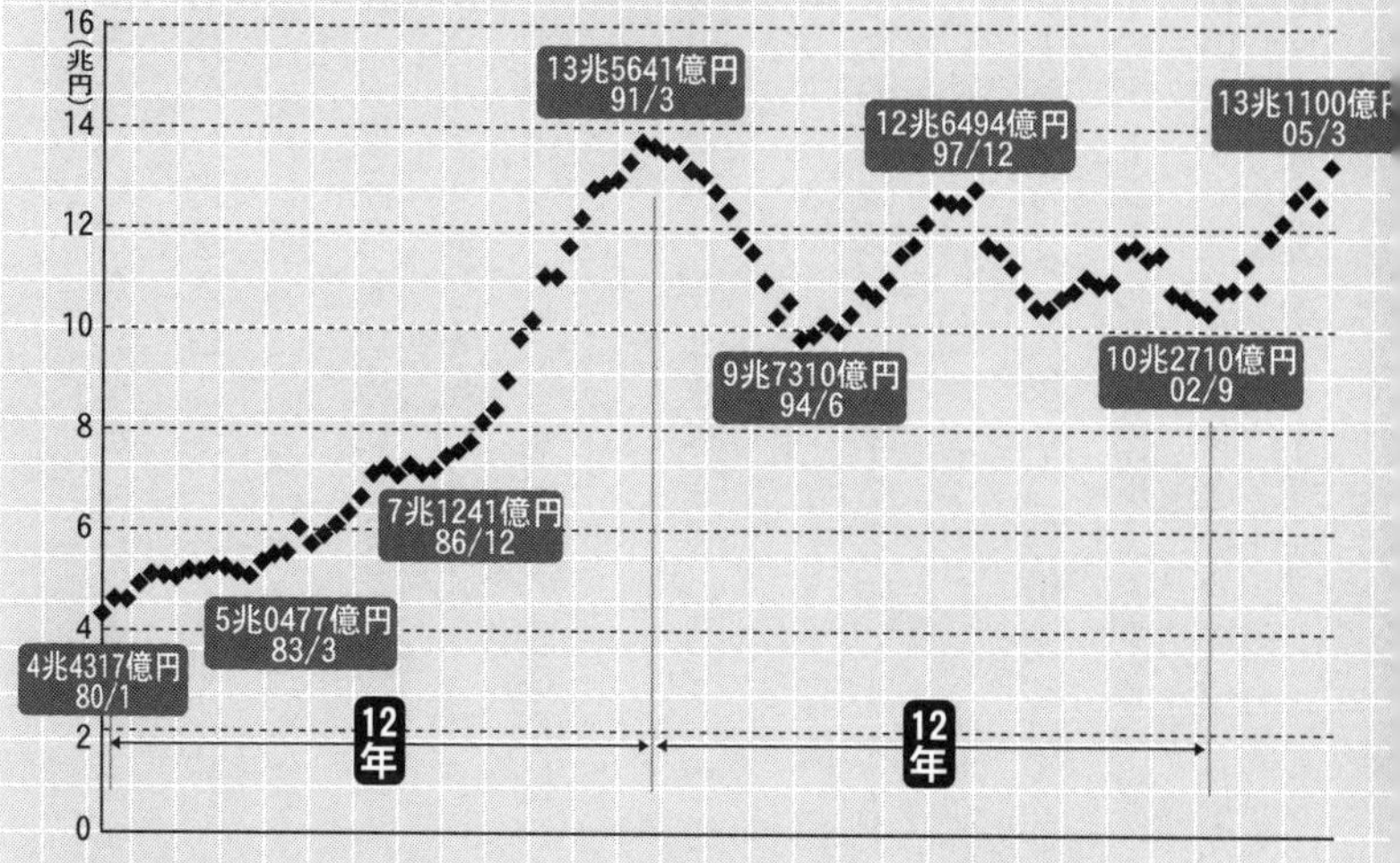

今多くの会社が、倉庫を利用するにあたって、A倉庫からB倉庫へと雪崩をうつように鞍替えしています。というのも、A倉庫のシステムは、二、三〇年前の古いものなのです。一方のB社はリニューアルして、出し入れの効率のいい最新式のものに変えていました。そこでお客さんが次々と「すみません。来期からB倉庫に変えます」と言ってきたわけです。当然、そうなると、A倉庫もリニューアルせざるを得ません。

冷凍倉庫の業界でも同じことが起きています。各社とも最新の設備を持つ会社に移しています。

図10の実質機械受注も同じようなものですが、ここで興味深いのは、ここでもやはり二〇年前後の建設循環の周期性がみてとれるということです。

一九七三年のピークと九〇年のピークの間は実質一八年くらいです。ボトムの七五年から九三年、これも一八年間です。こういう山谷の間で二〇年くらいの周期が続いています。

将来のことを考えると、九〇年のピークから、一八年か二〇年先ということは、二〇〇八年か二〇一〇年になります。九三年のボトムから建設循環（クズネッツ・サイクル）は徐々に回復し始めて二〇一三年に向かいます。二〇一三年というのは、何だったかと言いますと、第一章で見たように、式年遷宮の金の座に入る年です。

図10

企業の実質設備投資は02年から回復に向かいバブル期のピークに迫る

■実質機械受注（船舶・電力を除く民需）

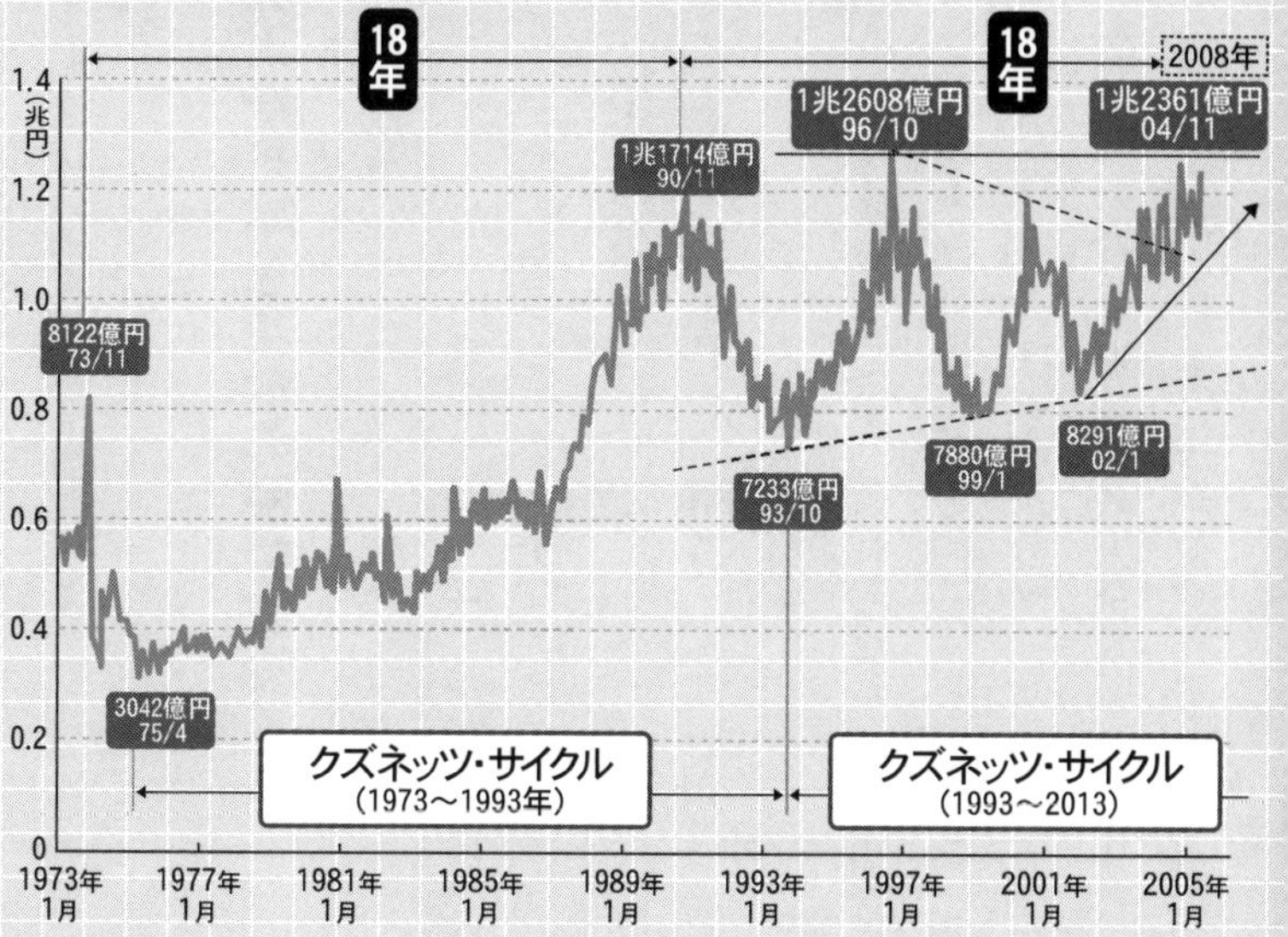

現在、すでに機械受注はバブル期を抜いてきているわけですから、この流れから見ても、日本経済の見通しは明るいということになります。

二〇一三年から団塊ジュニアが日本を空前の繁栄に導く

いずれにしても、二〇一三年あたりが、一つの節目になっていることが、様々なデータから読み取れると思いますが、実はここから団塊世代ジュニアが四〇代に入ってくるのです。そこから二〇二三年くらいまでに家を持つようになるわけです。

しかし、それは今までと違って住宅の質が違ってくるでしょう。これまで以上に質のいい住宅が必要になってくるでしょう。その意味でも、相当、流れが変わっていくのではないでしょうか。

図11は、二〇一三年の日本の人口ピラミッドです。これで見ると、団塊世代のジュニア層が、四〇歳から四四歳になってきます。団塊の世代と同じくらいの人口があります。この人たちが二〇二三年まで四〇代でい続けるわけですから、一九八九年と同じような構図が起きてくるわけです。そうすると、団塊世代退職後の大型景気がやってくるという予測が成り立つわけです。これもまた、これから日本経済が強くなる大きな根拠となります。

図11

2013年前後は団塊の世代ジュニアが40代世代

■2013年の日本の人口ピラミッド

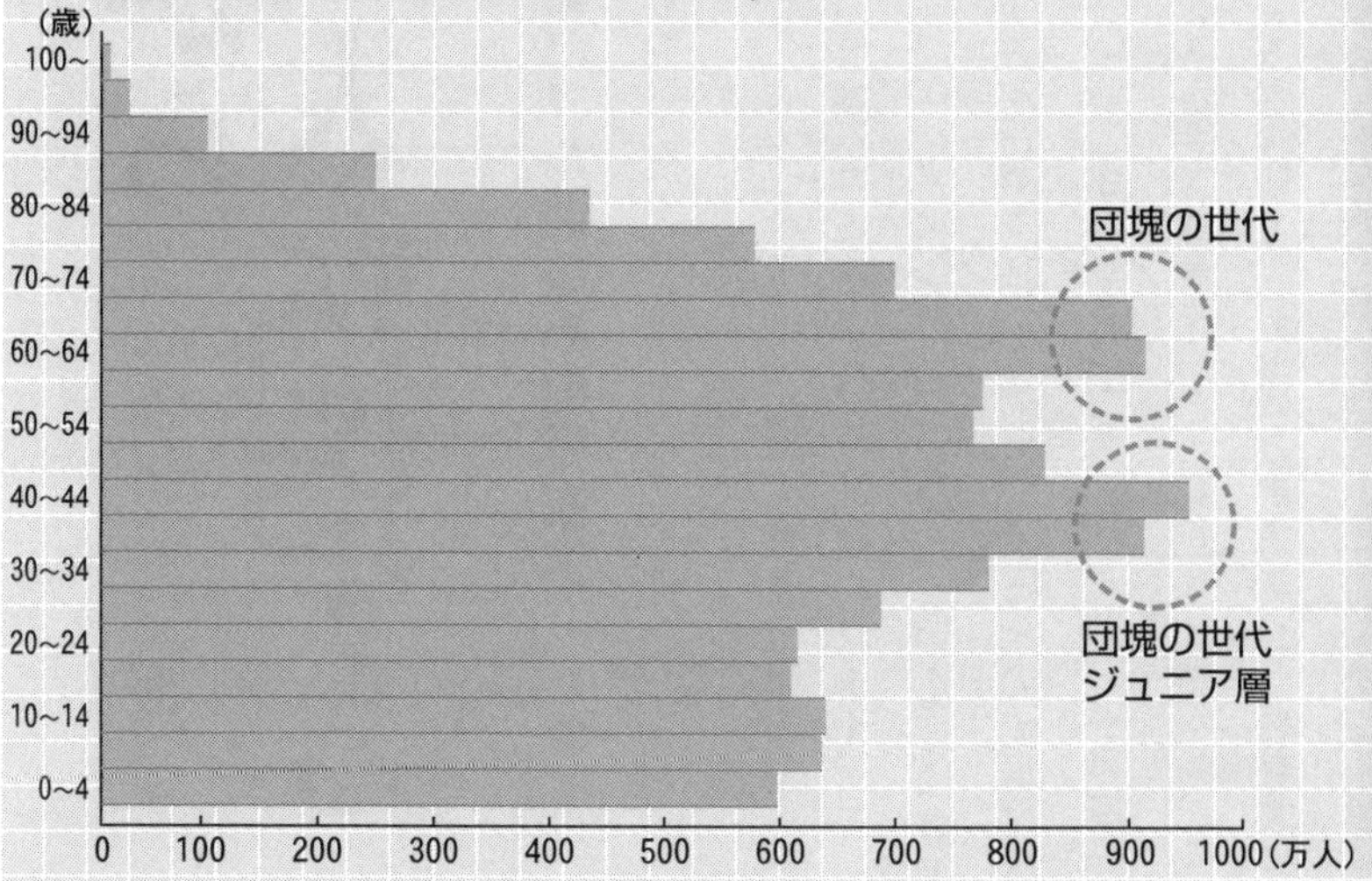

「人余り」から「人不足」へ大転換する

鉱工業生産指数では、すでにバブル期並みの好景気

次のデータを見ていきましょう。

図12は鉱工業生産指数です。二〇〇〇年の数字を一〇〇として指数化したものです。鉱工業生産指数のピークと、景気の山は割合一致していると言われます。

グラフを見ればお分かりのように、一九八〇年から一九九一年までは鉱工業生産が伸びています。それも、ものすごい伸び方をしていますから、よほどの大型景気だったということになります。直近のボトムは二〇〇二年一一月です。八七・七。これは厳しい数字です。

これが現在どこまで回復してきたかと言いますと、一〇〇を上回って、上で貼りついている状態です。ここ二〇年のグラフを見る限り、一〇〇というのは、結構景気の良い時です。

図12

鉱工業生産指数は高止まりし「人余り」から「人不足」に転じる

■鉱工業生産指数（2000年=100）

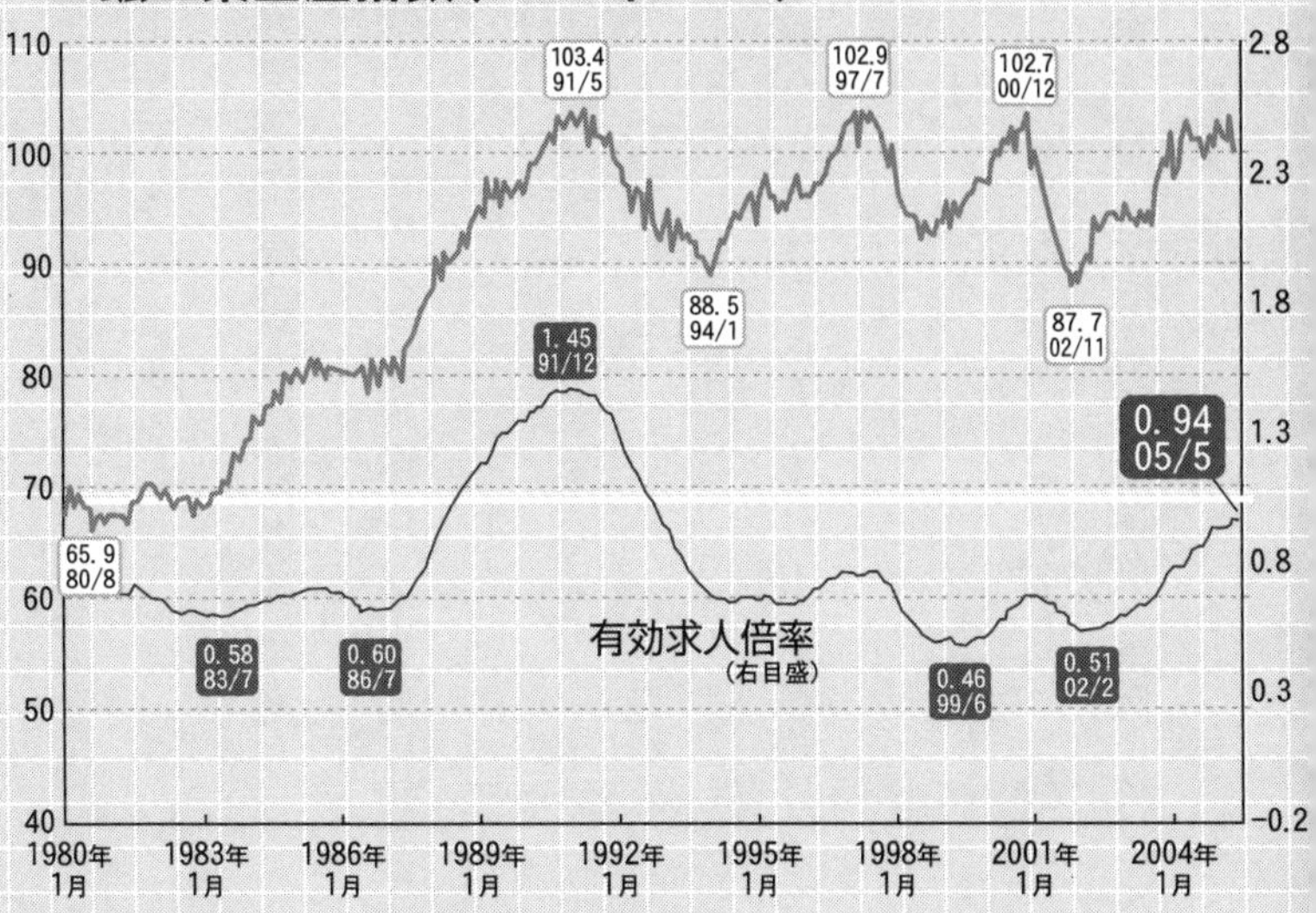

今回は九〇年代の時につくった山よりもずっと長く一〇〇の状態を維持しています。これはかなり景気の良い状態にあることを示しています。

生産が増えてもリストラ続きで不況感覚が拭えなかった

なぜでしょうか。先ほど見たように、その大きな理由は、構造的に設備投資を増やさざるを得ない状況になっているからですが、ここでは別の視点で見てみましょう。

そこで図12の下のグラフを見てほしいのですが、これは有効求人倍率です。

有効求人倍率が一の場合は、求人と求職が一致していて、働きたい人がみんな働ける状態です。一を下回れば、それだけ仕事のない人が増える。一を上回れば、会社が人を雇いたくても、みんなすでにどこかに勤めていて雇えないという状態です。

鉱工業指数がピークだった九七年と二〇〇〇年の時は、景気はよかったけれども、有効求人倍率は〇・五近辺です。九九年は〇・四六、二〇〇二年は〇・五一ですから、二人に一人は職に就きたくても職に就くことができなかったわけです。

なぜかというと、余剰設備と余剰人員を抱えた日本経済が、贅肉を落とす、つまり、リストラの最中だったわけです。ですから生産が増えても、リストラが続いているので、景気がよくなった感じがさっぱりしなかったわけです。

人事部長の仕事は、バブル崩壊から二〇〇二年くらいまでは、中高年の首を切ることでした。二〇〇二年の秋がターニングポイントだったわけですけれども、このあたりから少しずつ人を雇えるようになりました。

企業が人を雇い始めた！

そこで今度は、普通の人事部長の仕事を始めました。人を雇うという本来の仕事です。かつては、人の首を切ってこんなつらい仕事はないと、首切りが終わった後、慚愧《ざんき》の念に耐えかねて自分も辞めていく人事部長も少なからずいました。

今、有効求人倍率は〇・九四です。希望がずれていない限りはほとんど全員就職できます。しかも、新卒に関しては、大卒だと一人に対して四社から五社が内定を出す状況になっています。東大四年生のある学生は、企業側が提供する会社案内が、毎日五〇通も舞い込んだそうです。「同じ会社から何度も会社案内のメールが来た」という話もあります。あまりの多さに、「読まずに削除するメール」も出てきたほどです。二〇〇五年の二～三月頃を境に、企業の「買い手市場」から、学生の「売り手市場」に変わってきているのです。

ということは、九七年や二〇〇〇年は、景気が拡大して高止まりしていたのに、リストラが必要で人を雇えなかったのが、今は雇わざるを得ない状態になったということです。団塊の世代の退職で人不足が強まります。そこでトヨタが六〇歳から六三歳へ定年を延長しました。あるいは六五歳へ伸ばすという含みを持たせています。また、定年退職者を再雇用する制度も始めています。

定年した人を、ただ延長して雇うのではなく、例えば六〇歳以降は、給料を今までの六割とか七割とかに抑えるような制度にすれば、高い技能を持った人を人件費を削減しながら、雇い続けることができます。厚生労働省が二〇〇四年にまとめた調査では、現場の技能伝承に危機感を持つ企業は六三％に達しています。高い技能を持った中高年の人の能力をどう生かすかが、今大きな課題になっているわけです。

いろんな企業で一種の季節工がいますが、その中でも優秀な人は正社員になっています。今、まさに人余りから人不足へ転じようとしているのです。

従って、団塊の世代の大量退職ショックは、かなりインパクトが弱まってくると考えられます。

人不足でも実力がなければ就職できない時代

新規求人数で見てみましょう（図13）。

すでにバブル期の九〇年を大きく上回って八七万人を記録しています。これは高度成長の時も超えている数字です。かつてない規模で、人が欲しいという状態になっているのです。

では、なぜ有効求人倍率が一を切っているのかといいますと、人は雇いたいのだけれども、誰でもいいというわけではなく、スキルが足りなくて雇えないというミスマッチが起きているからです。

自分のやっている仕事以外にも新たな仕事にチャレンジするような中高年で、実力があれば簡単に就職できますが、サラリーマン社会でのうのうとやってきてスキルを磨いていない人は、いくら人不足といっても簡単に就職できないわけです。

「すいません、あなた大企業で部長さんだったらしいけど、うちだと年収は希望の一千万では無理で三五〇万円の価値しかありませんね」などと、言われてしまうことになります。ですから、統計上は、人不足でどこでも就職できそうに見えますが、実際は実力を身につけていないと、その人にとっては極めて厳しい時代になるということです。

いずれにしても、「人はコストだ」と考えてきた企業が、今「人は資源だ」という考え方に変わってきています。そもそも「人はコストだ」と考える企業は志がないと言えます。実際、そういう会社には、理想や企業理念がないところが多いのです。一方、「人は資源だ」と考える企業には、明確な理想を共有している会社が多いと言えます。そのような会社が、今後は伸びていくに違いありません。

図13

新規求人数はバブル期を上回る

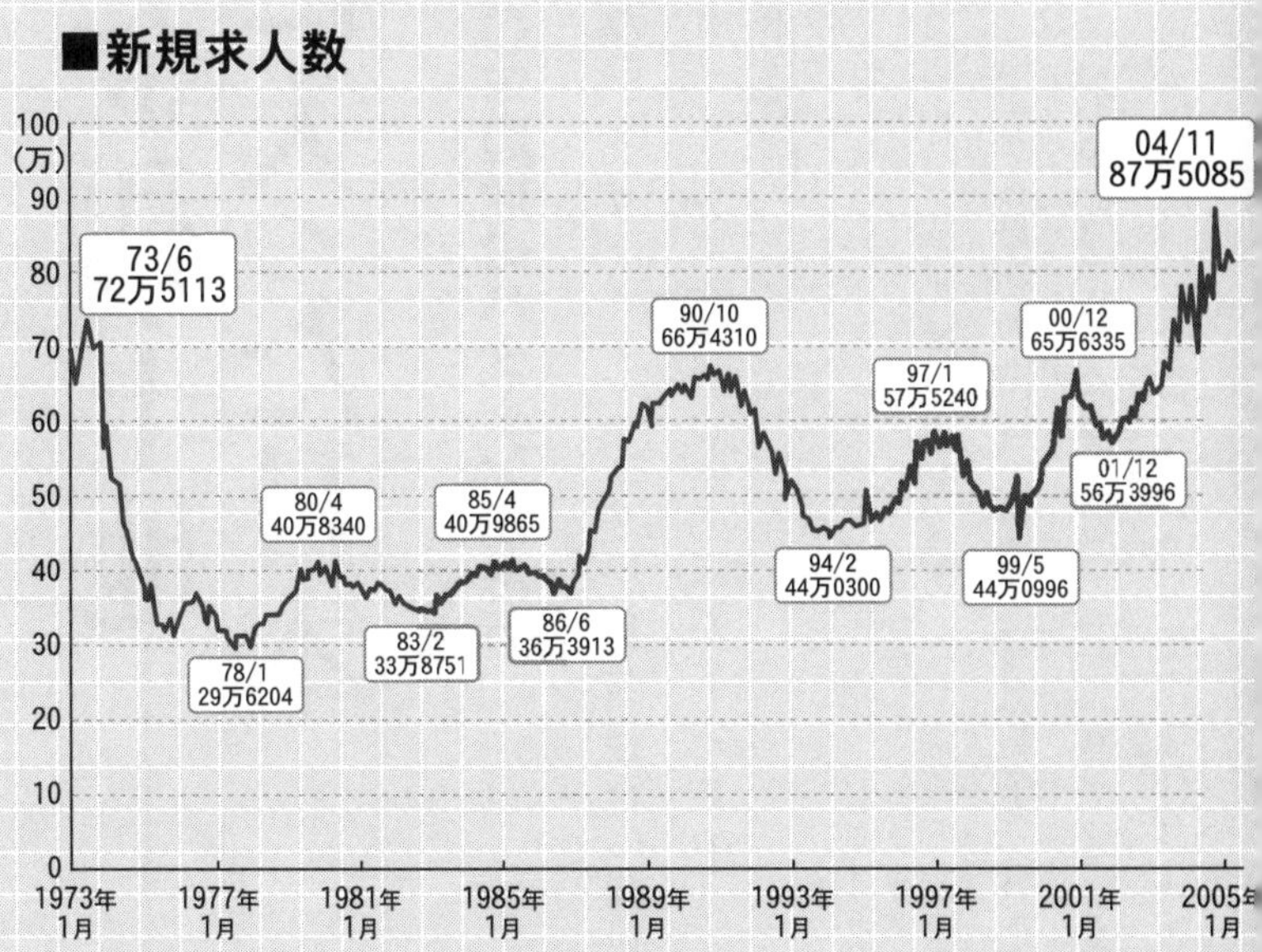
■新規求人数
(万)
100
90
80
70
60
50
40
30
20
10
0
73/6 72万5113
78/1 29万6204
80/4 40万8340
83/2 33万8751
85/4 40万9865
86/6 36万3913
90/10 66万4310
94/2 44万0300
97/1 57万5240
99/5 44万0996
00/12 65万6335
01/12 56万3996
04/11 87万5085
1973年1月
1977年1月
1981年1月
1985年1月
1989年1月
1993年1月
1997年1月
2001年1月
2005年1月

商品・株・金利・土地――新局面に入った日本

公定歩合の動きには六〇年周期のパターンがある

ここで第一章で少し触れたコンドラチェフ・サイクルと公定歩合の関係について説明します。これで見ると、景気がボトムから上昇期に入ることが見て取れるからです。

図14は、明治以降の公定歩合の動きです。

公定歩合は、大きなボトムから大きなボトムまでの間に二つ山があります。二つの山を経てからボトムをつけていくということの繰り返しです。

一八八七年に五・四八%、ここから最初の山は、日清・日露戦争で日本の経済が拡大していって、物価の上昇を抑えるために公定歩合を上げていった時です。そのあと、大正恐慌、第一次世界大戦後の反動があって一九二〇年に八%で山を作ります。ここから、だ

図14

2003年はコンドラチェフ・サイクルの大勢ボトム

■景気回復のサイクル ――明治以降の日本の公定歩合

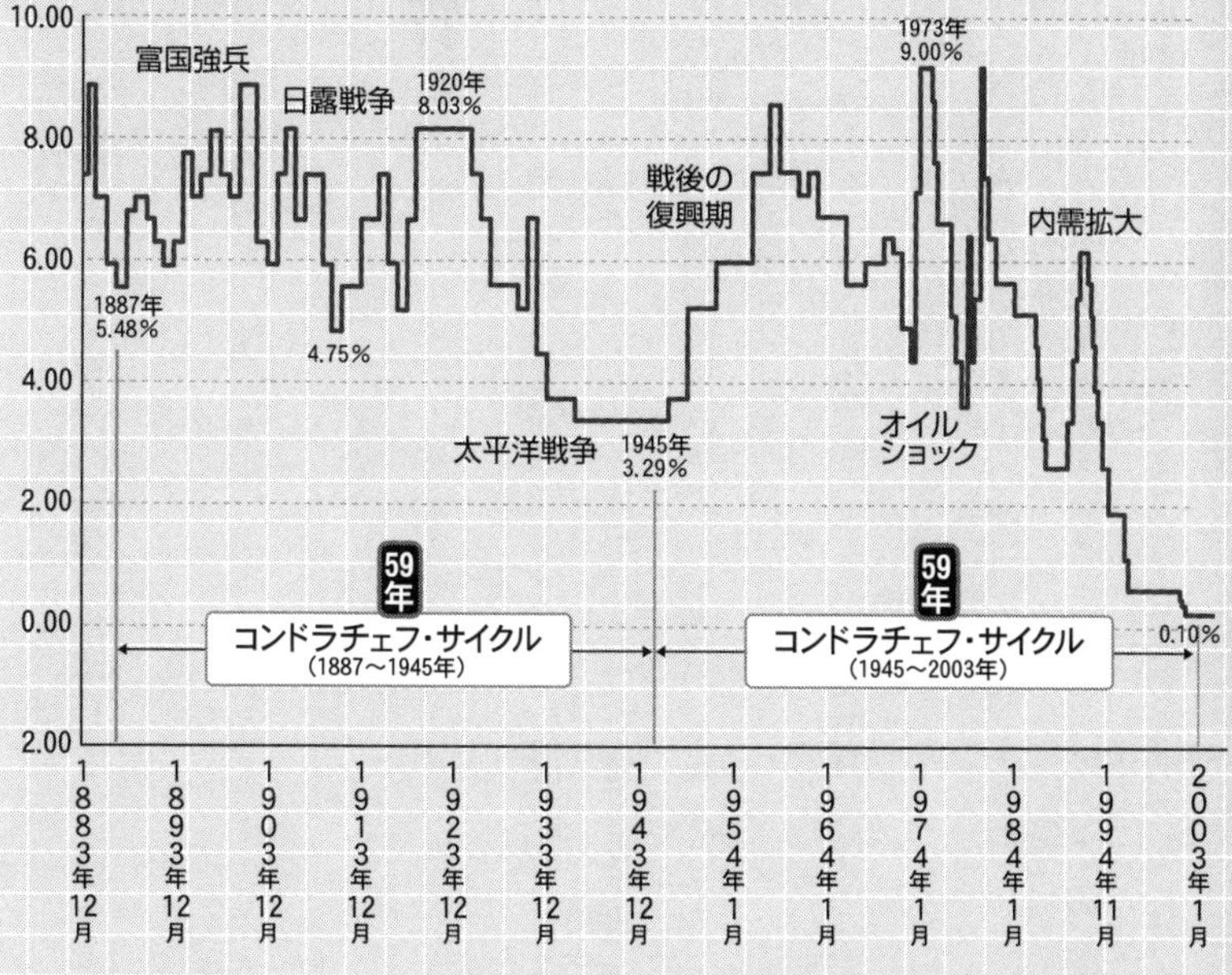

んだん恐慌状態に入り、その後戦争を維持するための低金利を維持していきます。それが一九四五年の底です。

それで、一八八七年を一年目と数えると、明治期のボトムと昭和期のボトムの間が、五九年間になっています。

戦後も六〇年がかりで大底打ち

その後、戦後のハイパーインフレで、公定歩合を急激に上げざるを得なくなります。これが一つ目の山です。そして、ようやくハイパーインフレが収まって高度成長が続いていきますが、第一次オイルショックの時に、急激に物価が上がったので九％とまた大きな山を築きます。そこから三〇年間ずっと金利は低下しています。

そこで一九四五年を一年目として数えると、五九年目の二〇〇三年の六月に日本の金利は〇・一％という歴史的最低金利になりました。

歴史に残っている低い金利は、一四〇〇〜五〇〇年代のジェノバだと言われていますが、その金利を下回ったのは日本だけでしょう。公定歩合が〇・一％なんて、この地上の歴史にはありません。不況が続いたこともあり、この金利をずっと続けてきたのですが、二〇〇三年くらいから、ついに実勢金利は上がり始めています。従って二〇〇三年がボトムで、いずれ上がっていくと考えてよいでしょう。

典型的な黄金パターンに入りつつある日本

実は、このコンドラチェフ・サイクルが、好調期に向かう場合、一つのパターンがあります。どの国も同じパターンで動きます。

最初に商品市況が上がります。九九年から金や原油が上がっています。二番目は株が上がります。これもすでに触れたように、二〇〇三年四月から株は上がりました。三番目は金利が上がります。これは二〇〇三年六月から上がっています。最後は、普通の景気拡大期の様相になってくると、土地が上がり出します。まだ土地は上がっていません（都心部では上昇に転じる動きが出始めています）。

その意味では、デフレを完全に脱却したわけではありませんけれども、脱却する素地は順番に着々と整っているわけです。商品、株、金利、土地と四つあるうちの三つまでがすでに上がり始めたわけです。

これが明治以降、日本が三回目の黄金期を迎える流れにつながっていくと言えます。

崩壊した土地神話

さて、残る土地の問題です。図15は土地の値段をグラフ化したものです。グレーの太い線が全国市街地価格指数で目盛りは右です。太い黒い線が、六大都市圏の前年同期比です。九〇年から九三年を見ると、それまで三〇％地価が上昇していたのが、いきなりマイナス二割になっています。相当な暴落状態です。初めてこれを見て「土地は値下がりするんだ」と多くの人は知りました。

これまで土地は値下がりしないという神話がありました。しかし、実はこの神話は明治以降の話です。江戸時代以前はそうではありません。

土地が少し流動性を示したのは、鎌倉時代に御成敗式目で私用地を認めた時です。それまで土地は公のもの、国家のものでした。荘園はありましたが、本来は朝廷のものを貴族が横取りして荘園にしたわけです。

しかし、実際にその管理を任されていた武士が、こう考えました。

「待てよ。これ年貢を納めなかったらこの土地は俺のものになるのでは？　実際に働いているのは俺たちじゃないか。自分の荘園なのに貴族たちは年に一回も来ないじゃないか」

図15

東京都区部地価
15年振り上昇も
デフレ脱却の一環

■土地価格の推移

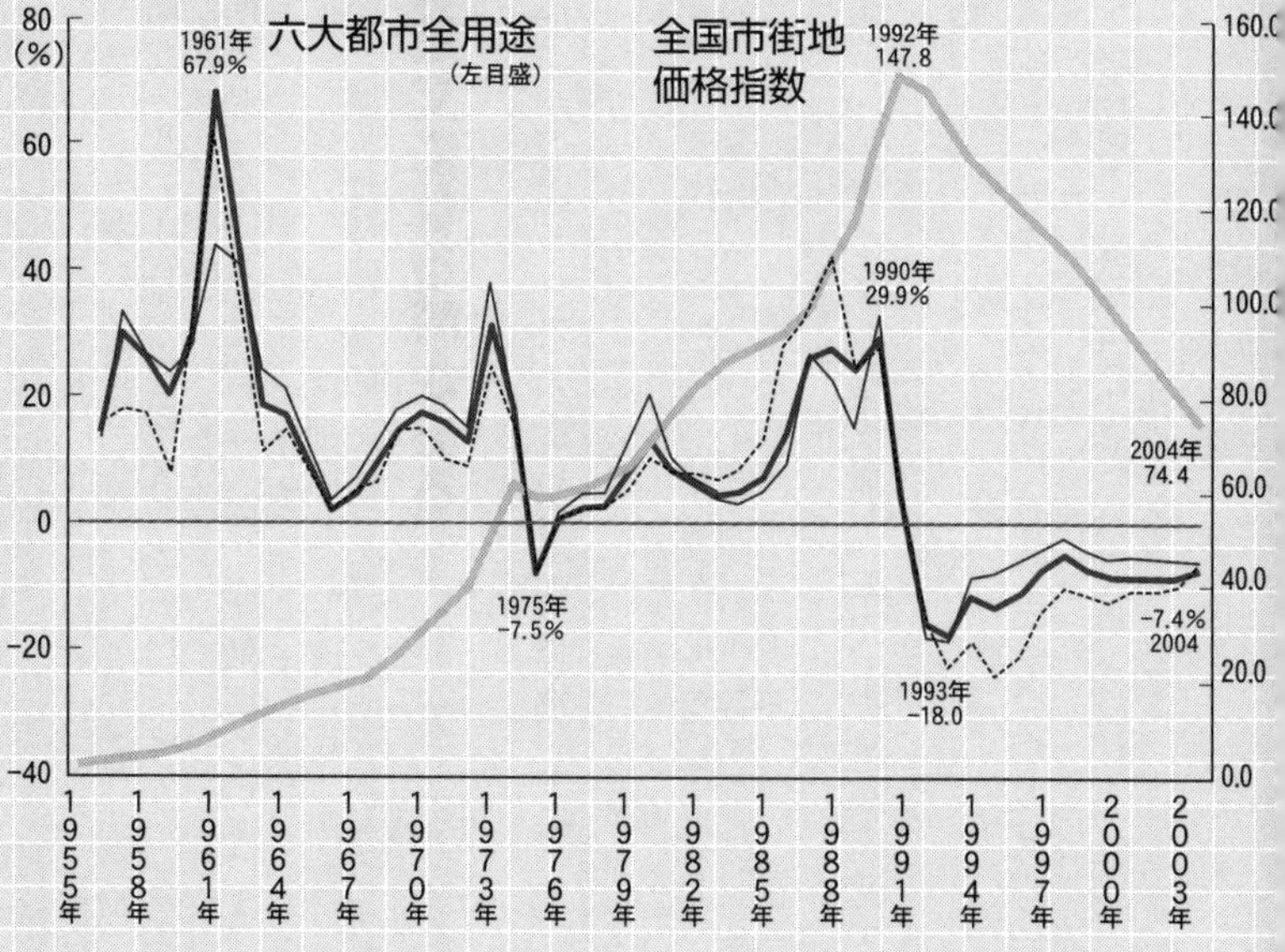

そう言って武士が段々強くなっていきました。それで土地の所有についてお墨付きを与えたのが御成敗式目です。その時に、少し土地が流動化したわけですが、その土地も、武士が命を賭けて守るという「一所懸命」で、命に代えてでも手放さないという代物だったので、流動性のないものでした。

歴史にはたまに土地が二束三文になる時がある

土地に流動性が出始めるのは都市が形成される頃からです。京都、大阪、江戸という都会からです。

実は土地の値段が二束三文になった時があります。一番近代で起きたのは、明治維新にいたる過程です。

徳川家康が天下を取って、京都から江戸に移った政権が、明治維新が成就すれば、京都に政府の中心ができるという考え方がありました。

すると「江戸の大名屋敷はどうする」と考えるようになります。なにせ維持費だけでも大変です。例えば、紀尾井町の大名屋敷。紀尾井町というのは、紀伊と尾張と井伊の大名屋敷があったことから付いた地名です。

王政復古でこれからは京都だといって、こうした大名屋敷がただ同然でもらえたのです。屋敷一つ一両五分で「掃除くらいはやってくれ」みたいな感じで手放しました。当然、江戸の土地は大暴落しました。特に大名屋敷は投売り状態です。もう土地の値段があってなきがごとしになったのです。

そこで勝海舟などが「今買っておけばいいよ」と、岩崎弥太郎に言ったわけです。「もし政権が戻ってきたらとんでもない価値を生むよ。だから買っとけよ」と。

それで岩崎弥太郎は、丸の内界隈をごそっと買いました。それが三菱地所の基盤となりました。渋沢栄一も買いました。いろんな土地を買ったのですが、そのうちの一つ、渋沢栄一の邸宅の一部が、今、兜町の証券取引所になっています。あれは、渋沢栄一がタダで取引所を作るために供出したものです。

土地の所有者が入れ替わる時代

しかし、実際は政権は京都ではなく、結局、江戸（東京）に戻りました。すると、今度は、京都の大名屋敷が暴落しました。

おそらく都が変わる時には、いつもこうしたパターンを踏んだはずです。古くは平城京から平安京になった時とか、土地が二束三文になっているはずです。そのたびに、土地の所有者が大幅に入れ替わっているのです。

ところが、明治以降は、どちらかというと土地は地主が持っていて、みんな長屋に住んでいました。土地を持つという意識はなかったのです。ただ戦後、地価が上がったから、土地神話ができた。しかし、それも地価の暴落で、神話は崩れました。ここにきてようやく下げ止まり、マイナスがほぼなくなってきました。

東京の地価が一五年ぶりに上がった

象徴的なのは、一五年ぶりに東京二三区の地価がプラスに転じたことです。いつもまず二三区がプラスに転じて、それから地方に波及していきます。

今もっともひどいのは新潟です。新潟鉄工の倒産の影響が甚大です。ただ地域経済の懐が深いので持っていますが、新潟や秋田は相当下がっています。

大阪でも優良物件は上がり出しました。名古屋は非常に堅調です。全国の地価指数はまだ下がるとは思いますが、徐々に下落率が小さくなっていき、いずれ土地の値段が全国的に下げ止まってプラスに転じるでしょう。

このときは消費者物価が二〜三%という普通の巡航速度で成長する経済力に変わってきます。インフレ説を唱える人もいますが、そんなに一気にインフレになるとは思えません。大規模な戦争が起きたら話は別ですが、おそらく、それはないでしょう。

二三区が上がったということは、ようやく土地の実勢価格も落ち着いて、使えるところの土地は上がるという経済認識に戻りつつあるということです。

外国人投資家も「日本買い」に転じた

血の滲む努力で損益分岐点を下げた

これまで、日本経済はすでに景気が良くなっていることを伝えてきましたが、その一番大きな理由は、必ずしも小泉改革のおかげではなく、企業努力にほかなりません。

企業が自助努力をやった結果として、日本の産業は儲かるようになったのです。図16は、日本の企業の損益分岐点です。数値が低い方が、利益が出て儲かっているということです。

八九年は何をやってもうまくいくという好景気の時で、損益分岐点は八四％まで下がっていました。中には水ぶくれの高コスト体質の上場企業もあったのですが、バブルが崩壊してても同じことをしていたので、九三年には損益分岐点が上昇し、九二％になってしまいました。

図16

日本企業の損益分岐点は過去25年間で最低まで低下 売上が伸びると利益が拡大する

■日本企業の損益分岐点（全産業）

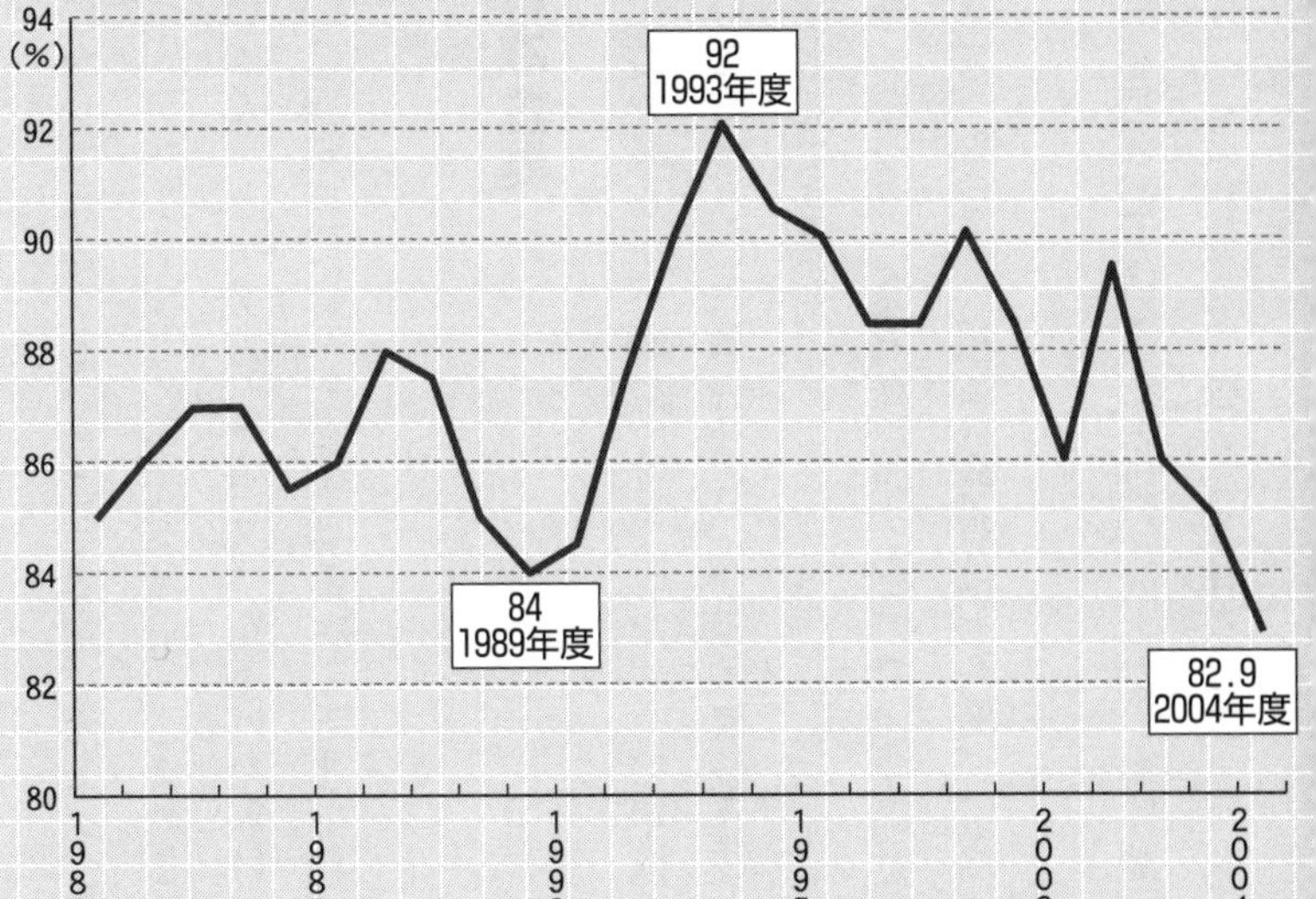

これは売上が八％減るともう減益になってしまうということです。売上が一割下がったら赤字です。この状態になったために、デパートなどの小売業は追い込まれました。

それで、はっと気づいて「これはいかん」と、努力してコストを下げたわけです。血の滲む努力をやったのです。そして二〇〇四年度には八三％を切るところまで持ってきたわけです。

高収益体質に生まれ変わった日本企業

高コスト体質だった上場企業も、損益分岐点が下がってきました。一〇年以上儲からなかった海運会社も、同じく儲からないと言われた鉄鋼会社も、今では損益分岐点が八〇％を割っているところまで贅肉を殺ぎ落としてきました。

そこへもってきて中国の需要が活発になって、売上高が伸びたので、今や史上最高益です。自動車は血の出るような努力をして、トヨタの損益分岐点は七八％。電機は少し厳しいようです。

いずれにせよ、全産業で見て八三％を切ったということは、売上が一七％減ってもぎりぎり赤字にはならないということです。これはかなり強い企業体質です。

まさに一〇年間、色々試練を受けて強い体質になったわけです。この状態で売上が伸びると、伸びた分だけ利益が乗ってきます。これが日本の現在の強さです。

投票率の変化で景気が読める?

もう一つ日本の景気が底上げしてきたことを示す興味深いデータを紹介しましょう。日本人の意識が変わってきたというデータです。図17は、戦後の投票率のグラフです。これが実は景気と関係があるのです。

投票率の推移を見ると、六八%くらいをボトムにして、上限七六%くらいとの間を行ったり来たりしているのが分かります。高度成長時代は、日本人の意識は高くてみんな選挙に行っていました。バブル期はまだ七三%だったのですが、バブルが崩壊したら、何か諦めてしまったのでしょうか、政治に関心をなくして、九五年に六七・二六%と戦後最低レベルを記録し、九七年一〇月には、六〇%を割ってしまいました。

この時の選挙は自民党が勝ったのです。通常、自民党が勝つと、戦後の常識では株価が上がると言われたのですが、なんと株が下がってしまったのです。

なぜでしょうか。実は、この投票率を見て、外国人投資家が、「バブル崩壊して大変なのに日本人の意識は変わらない。投票で行動を示そうとしない。これはもっと悪くなるぞ」と判断して、株を売ったのです。投票率の低下を見て外国人投資家がバンバン株を売ったのです。

外国人投資家は選挙結果より投票率を見ている

この頃、「日は沈む」とか言われて、S&Pやムーディーズといった格付け会社が日本国債の格下げをやるとか、銀行の格下げをやるとか、言い始めました。その一ヵ月後くらいから、いわゆる山一・拓銀ショックが走ってきます。投票率の低さをきっかけに、外国人が日本を信用しなくなったのです。

しかし、二〇〇五年秋の郵政選挙では、投票率が回復しました。今回の投票率は六七％です。

解散総選挙などをすれば株が崩れるという意見が多数ありましたが、実際は、解散総選挙をやったら株が上がり出しました。選挙結果が出たらさらに上がりました。

その背景にあるのは、外国人投資家の目に、「ようやく日本人は改革を受け入れようとしている」と見えたのです。その指標が投票率でした。それで、外国人が安心して日本株

図17

外国人投資家は選挙結果より投票率をみている

■戦後日本の投票率の推移

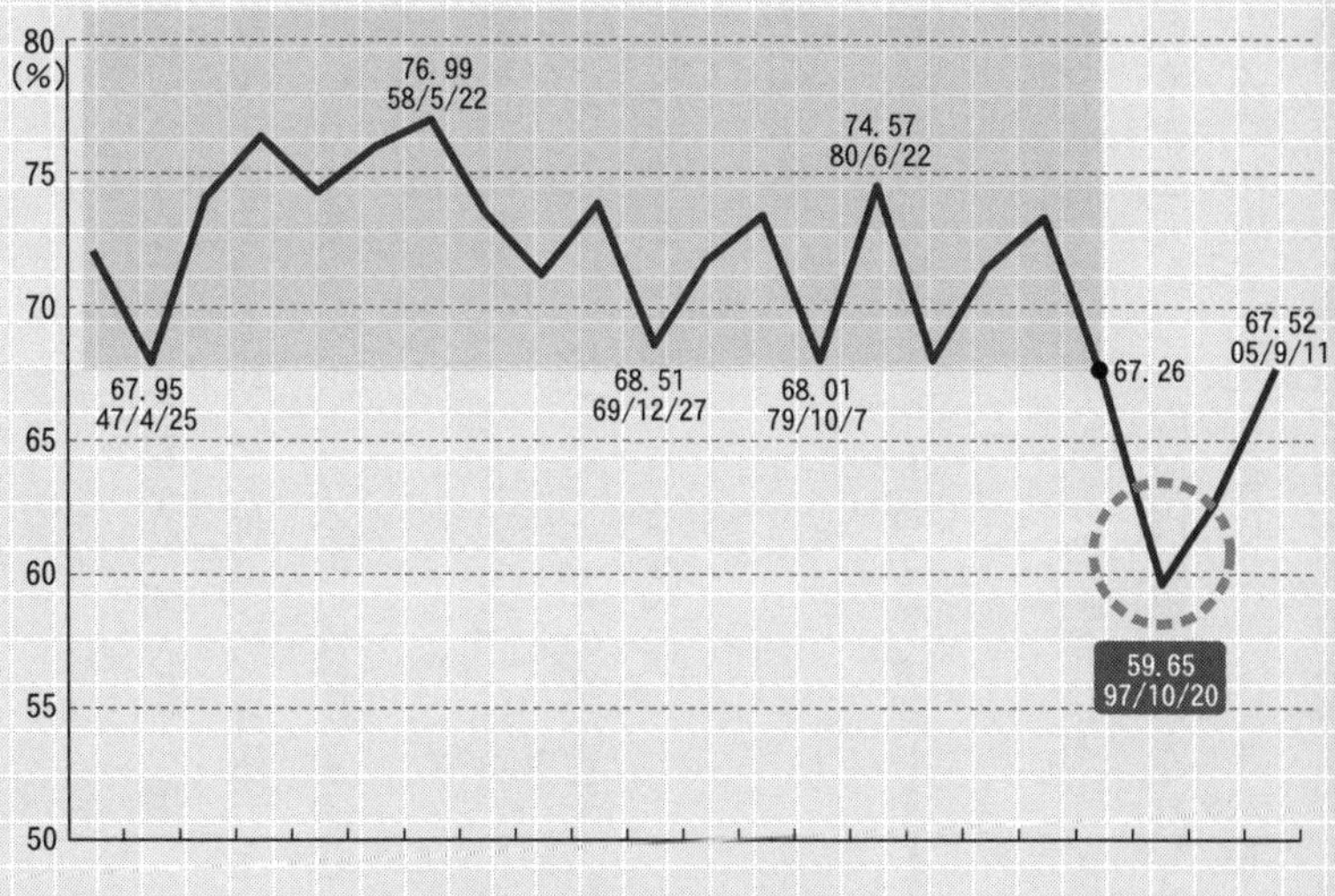

を買えるようになったわけです。

そこで「日本経済は復活するだろう」という論調が外国人から出てきました。その象徴が英エコノミスト誌編集長のビル・エモット氏の「日はまた昇る」という記事です。彼は、八八年に「日はまた沈む」という本を書いて、日本の没落を予測した人です。その同じ人が、今度は、日本の復活を予測しました。

従って、注目すべきは、次の選挙の投票率です。上がったと言っても、六七％という投票率は、以前の常識なら最低ラインです。次の衆院選で、この数字を上に抜けるかどうか。それが今後の株価に大きな意味を持つことになるでしょう。

日本は史上最強の繁栄国家となる

二〇〇五年一一月一四日の日経新聞の夕刊に、今後の日本経済を考える上で、非常に重要なことが報じられました。

財務省が発表した二〇〇五年度上半期（四～九月）の国際収支速報のことです。企業や個人による海外投資等の所得収支が五兆七二二四億円の黒字となり、四兆九二七一億円だった貿易収支の黒字を半期ベースで初めて上回りました。これは、モノを輸出すること

図18

ついに所得収支が貿易収支を上回った

■貿易収支と所得収支（四半期ベース）

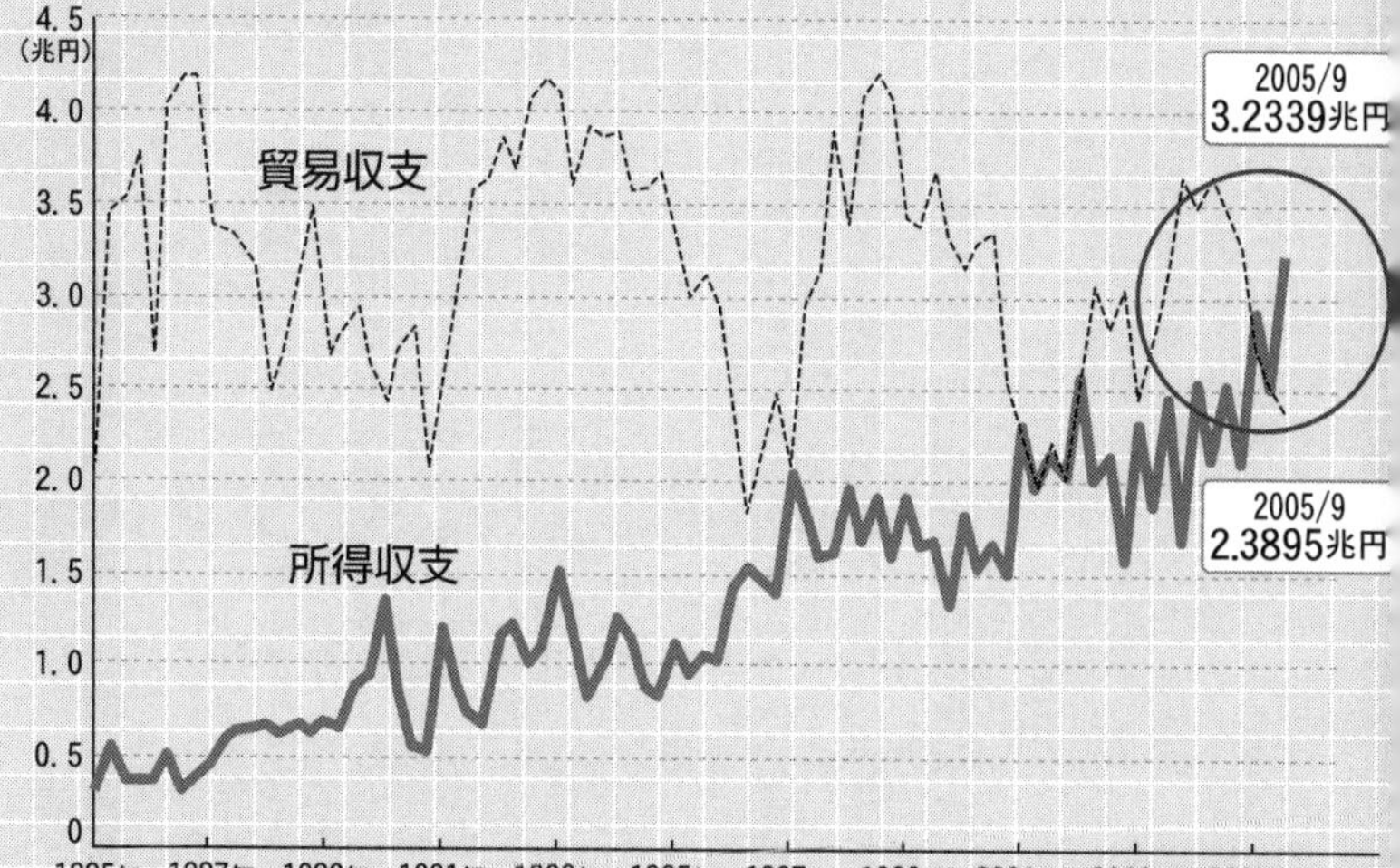

で対外黒字を積み上げてきた日本経済が、投資収益で稼ぐ「成熟した債権国」へと移行しつつあることを示すものです。

かつて覇権国だった英国や、その次に覇権国となった米国がたどった「輸出立国」から「投資立国」への道を日本もたどり始めたと言えるかと思います。

「経済の発展段階説」によると「輸出立国（未成熟な債権国）」から「投資立国（成熟した債権国）」へと移行すると言われていますが、日本もこの段階に入ってきたというわけです。これに特許収支などが恒常的に黒字化する国家になってくるようでしたら、二〇二〇年代は日本の黄金時代になる可能性が一段と高くなります。

通常、投資立国化すると貿易収支が赤字になることが多いのですが、日本の場合、貿易収支も黒字が続くという形になりつつあるわけです。すると、「知価工業社会＋投資立国」という、今まで地上に現れたことのない繁栄国家ができる可能性が高いのです。

第三章

世界をリードする日本経済の底力

不死鳥のごとく蘇った化学業界

自動車よりも巨大産業の化学産業

これまで「鳥の目」的な視点で、日本経済全体の流れを見てきました。第三章からは、「虫の目」的に、足元の変化に着目したいと思います。業界別、企業別に、どのような変化が起きているのか。未来の発展につながるような興味深い動きについて紹介してみようと思います。

実は日本の産業構造のなかで、非常に大きな変化が出ています。それは何でしょうか。国内出荷額ナンバーワンは何かと言いますと、電機機械です。また、三位は自動車関連です。

では二位は何か分かりますでしょうか。この二位の産業は、三六兆三〇〇〇億円もの市場規模があります。なお、電機は五〇兆円であり、自動車は三三兆円あります。いずれにしても、大きな規模であることは間違いありません。しかも、その二位の業界はここへきてどんどん伸びているのです。

実は、それは化学工業なのです。プラスチック類も入れた化学産業です。化学というと、一昔前の産業というイメージがあるのではないでしょうか。実は、これが復活してきているのです。なぜでしょうか。

規模だけでなく儲かるようになった

今まで化学産業と言いますと、大きな装置が必要でした。石油化学プラントは、一一工程もかけて石油を分解し、ようやく製品を作り出します。とにかく金食い虫なのです。それで創ったポリエチレンなどを、キロいくらで販売するわけです。利益は少ししかない。お金をかけて、手間をかけた割には儲からないというのが、日本の化学産業でした。デュポンなどの欧米の化学業界と比べて一株当たりの利益が格段に小さいというのが常識でした。半分以下どころか三分の一ぐらいしかなかったのです。

それが、ここへきて化学会社がべらぼうに儲かっています。一株あたりの利益が電機産業を抜くまでになっています。六五円とか七〇円とか稼ぐような化学会社が出てきています。

液晶・携帯の部材は、ほとんど化学メーカーが提供

なぜ、そうなったかと言いますと、的を絞ったからです。儲かるものの方へ資源をシフトして集中投資しました。それが大成功したのがデジタル家電の素材です。液晶とか携帯とかに使われる部材のほとんどは、化学メーカーが造った部材です。

平均すると携帯がらみの素材は七割は日本の化学会社が供給しています。中にはシェア一〇〇％なんて商品もあったりします。高機能性樹脂とかハイテク樹脂とか言われるものです。高機能性繊維やハイテク繊維もそうです。

今、化学会社も繊維会社もほとんど垣根がなくなってきています。やっていることが変わらなくなっているからです。旭化成などは、化学会社に分類されています。繊維では例えば炭素繊維が儲かるようになってきました。いわゆるスーパー素材がたくさん出てきたのです。旭硝子のフィルター、フィルムは世界シェアトップです。

それで収益構造が格段に変わって、デュポンよりも高収益という日本の化学会社が続々と出てきています。

化学会社というと、すでに成熟した産業だと思われていたのが、復活してきて、日本経済の底上げの時期と一致したこともあって、再び成長産業になっているのです。

株価二〇〇円が六五〇〇円超えの史上最高値

一番の典型例がＪＳＲという会社です。

昔の名前は日本合成ゴムと言います。自動車用のタイヤのゴムを創っていました。しかし、これでは儲かりません。自分のところで世界ナンバーワンの商品を売り出そうと考えました。そして変貌を遂げて、エレクトロニクスとか自動車の、他社が作れない部材に特化して、一株当たりの利益一〇〇円くらいの急成長企業になりました。かつて株価が二〇〇円くらいで低迷していたのに、今や二〇〇〇円台です。ここ数年から一〇年でこうした変化が起きています。

もう一つはイビデンという会社です。岐阜県の揖斐川の近くにある化学会社です。カーバイトを作っていた会社ですが、世界でもあまり類を見ない特殊な技術を用いた半導体パッケージを開発して、イビデンか特殊陶業かというくらい、圧倒的なシェアを持っています。この会社もかつて二〇〇円くらいの株価でしたが、今は六五〇〇円を突破して史上最高値を次々と更新しています。「あのイビデンがこんなになったのか」と、言われています。

また、日本オイルシール工業という自動車部品をやっていた何の変哲もない会社が、電子部品会社に特化し、社名もＮＯＫに変えたら、ものすごい高収益企業になってしまったという例もあります。

世界中から必要とされる日本の化学メーカー

要するに世の中に必要とされているものは何か。その中で自分のところで作れる物は何か。そこに事業を特化して、無駄なものをどんどん削ぎ落として変貌したのが日本の化学会社です。

ハイテク素材ということで何か事業をやるとき、「ウチの近くに工場出してくれ」というお願いが世界中から日本の化学メーカーに来ています。自動車部品を見ても、日本が圧倒的に強くなり、ＧＭの子会社が倒産して、ＧＭが改めて海外の自動車工場を出すのに、「お願いだからここへ来てくれ」と日本の自動車部品会社を拝み倒しています。

エレクトロニクス業界では、台湾とか韓国勢がのし上がっています。しかし、この分野でも日本の化学メーカーでしか作れないような部材がたくさんあります。サムスンもアジアで工場をつくる時には、素材や部材を造るために、日本のメーカーに来てくれと頼んでいます。「そんなに言うならいきましょうか」という感じで、世界の求めに応じて工場を出しています。先ほど紹介した会社や、日東精工といった機械メーカーや化学メーカーがそういう立場にあるわけです。

一着なのに色が変わるスーパー繊維「モルフォテックス」

これから面白いのは、帝人のモルフォテックスという繊維です。高機能性繊維は、ようやくスーパー繊維という言葉が認められ始めていますが、中でもユニークなのがモルフォテックスです。

この技術にファッション業界が仰天しました。同じ一つの素材なのに、色が変わるのです。南米に世界一美しいと言われるモルフォ蝶というのがいます。光が当たるたびに蝶の色が変わるという不思議な蝶です。紫になったり、黄色になったり、赤になったりするのです。

羽根の一枚一枚を見ると、何の変哲もない茶色いものでしかありません。それが光をうまく乱反射して七色に光るつくりになっています。

その原理を応用して、同じ繊維で七色出せる繊維を開発したわけです。実際の応用例として出始めているのがウェディングドレスです。一着で光の当たり方を変えて、いろいろな色を出すわけです。ライトを当てると色がどんどん変わる。モルフォ蝶の羽根の構造を研究し、帝人がスーパー繊維として世界で初めて開発に成功しました。特許をとって、世界で帝人しか造れないものです。

こういうスーパー繊維が、日本企業から次々と世界に発信されているわけです。

ついに世界一が見えたトヨタ自動車

トヨタの富士重工出資の裏側

日本経済の強さということでは、やはりトヨタは外せません。

そもそもトヨタは二〇一一年にGMを抜くという計画だったのに、二〇〇六年にも抜いてしまうことがほぼ確実となりました。

GM、ダイムラー・ベンツ、フォードのかつてのビッグ・スリーの売上高が減少しているのに対して、トヨタ、日産、ホンダの日本勢は相変わらず売上を伸ばしています。特にトヨタ車への人気が高まり、生産が間に合わず生産現場は悲鳴を上げるほどです。

さて、二〇〇五年一〇月からのトヨタとGMの動きを振り返ってみます。一〇月六日にGMが富士重工の全株（発行済み株式の二〇・〇九％）を放出し、GMと富士重工の提携を解消すると発表しました。同時にトヨタが富士重工の株式の八・七%を取得する(八・七%出資する)ことを発表しました。

GMは自社の販売が低迷し、業績が赤字になって苦しんでいました。リチャード・ワゴナー会長が二〇〇五年の六月上旬に竹中恭二富士重工社長と密かにデトロイトのGM本社会議室で会っていました。人払いして、二人だけで会談した際、ワゴナー会長が「富士重工の株式を売却したい。しかもできる限り早急に」と切り出したのです。

帰国した竹中社長は素早く動き、夏頃に早くも張富士夫トヨタ社長(当時)に会い、資本提携の方向で一致しています。その後、ごく数人のトヨタと富士重工の役員が今回の資本提携の話をまとめ上げたようです。何故、トヨタがGM保有の全株を取得しなかったのでしょうか。それは、二つの理由からです。

ついにトヨタがGMを抜き去る

一つはGM側が急いだために、公正取引委員会に事前に届け出る必要がないギリギリの比率にしたこと。もう一つは、世界からの嫉妬を買わないように比率を抑えたと考えられます。日野自動車の再生の時もそうでした。最初小さな出資でトヨタの改善を入れて、だんだん後で資本を増やしていく。誰も乗っ取られたとは思いません。トヨタの考えを浸透させていって、ある程度成功したら出資比率を上げていくというやり方です。非常に無理がない。全部この方法です。日野はたしか完全に浸透するまでに実に三五年かけています。気の遠くなるような根気の良さです。

ＧＭの方は、子会社で世界最大の自動車部品会社であるデルファイ社が経営困難に陥っていたことで急いでいたようです。事実、一〇月九日にはデルファイが米国ニューヨーク連邦破産裁判所に米連邦破産法一一条の適用申請を行い、破綻しました。

ＧＭは過激なことで知られているＵＡＷ組合員・退職者向けの医療支払いが年間五六億ドル（約六六〇〇億円）に達しており、この他年金支払いも巨額であることから、支払い負担に喘いでいます。このままではデルファイから部品供給が滞り、生産を上げることは非常に難しい状況です。

今回の件でトヨタは、得したでしょうか？　答えはイエスです。トヨタは欧米・アジアからの受注が急増しており、昨年は五〇万台、今年は九〇万台の増産要請が来ています。

さすがのトヨタでも富士重工一社分の年産に当る増産をいきなりやれと言われても無理な話です。ちょうど、富士重工の米国工場（いすゞと合弁でインディアナ州に設立）は、いすゞが現地生産から撤退し、操業率が低下していたのですが、これをトヨタ車生産に当てられます。新規に工場を建設するとなるとおカネも時間もかかるのですが、既に稼動している工場を手にすることができるのですから願ってもないことでしょう。

富士重工に資本参加することで、生産力を増強することが出来ます。これで今年にはトヨタグループで九二〇万台の生産が可能となり、今年九一二万台以上に生産を積み増すことが難しいGMを抜き去り、世界一の自動車メーカーになることが確実となってきました。

これまで、自動車といえば米国の代名詞でした。一〇〇年近く世界首位を守ってきたGMをトヨタが抜き去ることは、米国にとっても衝撃的な出来事であろうと思います。

トヨタの次の戦略は飛行機か？

今回の富士重工への出資には、もう一つ隠されたトヨタの戦略があるように思います。

富士重工の前身はゼロ戦を作った中島飛行機です。いまでもボーイング社の飛行機の一部を担当しています。今度の資本提携で宇宙航空分野（日産、ホンダの両社ともこの分野を持っていますが、トヨタはありませんでした）のノウハウを手に入れることができるようになったと言えましょう。かつて豊田英二氏が「トヨタが考える最高の乗り物は孫悟空の〝きんと雲〟」だと語っていたそうです。トヨタの未来戦略は、地上を走る車だけではないのかも知れません。

すでにホンダも小型ジェットを自ら造って飛ばしているので、可能性は大きいと思います。

トヨタとGMの「世界一」の入れ替わりは、将来の日本と米国の経済力の入れ替わりを予見させる出来事ではないかと思うのです。

ロボット技術でも世界を先導する

ロボットの技術も注目です。今回の愛・地球博で、トヨタがロボットを出展しました。その前に、ホンダがアシモというロボットを開発して有名になりました。それを見て、トヨタもやるのかなと思いましたが、いきなり二足歩行するレベルで出してきました。ホンダのアシモを見て、「ウチもつくれ」とやったのだとしたら、すごいことです。そんなに簡単に真似できる技術ではないのです。しかも二足歩行までしている。

さすがトヨタと言わしめる技術力です。将来のビジネスになるのはロボットです。それを先導するのは、おそらく自動車メーカーになる可能性が高いと思います。そのためには機械だけでなく、エレクトロニクスの技術が必要です。いわゆるメカトロニクスというやつです。機械と電機と両方の技術が必要です。ソニーは撤退・縮小と言っていますし、自動車メーカーに期待がかかると思います。

トウモロコシでプラスチックをつくる

もう一つトヨタの技術で面白いものがあります。

それも世界の部材メーカーの意識を一変させるかもしれないという技術です。トヨタはこれまで自動車の軽量化のために、プラスチックなどの樹脂製品をいろんなところに採用して使ってきたわけですが、ここで世の中がひっくりかえるようなことを始めつつあります。

通常、プラスチックというのは石油から作ります。これを植物から作ろうということを始めたのです。トヨタは三井化学と東レとデュポンと三社と研究開発してやっていくことを始めたのです。

この狙いは、最もシェアを取れていないヨーロッパ市場を視野に入れているという理由があります。そしてヨーロッパ市場は環境問題にとても敏感なのです。植物から作ると、どういうプラスチックができるかというと、放置すれば土に戻るというプラスチックになるのです。つまり、環境にやさしい。それをトヨタが採用して世界トップメーカーとしてやっていくとなると、今以上に環境を意識した部品・部材を世界中で使っていく流れができます。

昔から光分解プラスチックといって、光にあたって自然に放置すると、分解するというものが研究されてきましたが、値段が高かったという難点がありました。

今、最も効率がよいとされるのは、トウモロコシから作るプラスチックです。金とか、原油、パラジウム、ニッケルといった地面の中から取り出すものは、生産性がなかなか上がらないのですが、穀物というのは、値段が安いという利点があります。七〇年代の第一講和条約の価格を今なお上回っていないのです。農作物は生産性が上がって、価格が上がっていないのです。

それで植物やエタノールからエネルギーを取り出すという石油代替エネルギーの開発が盛んになってきました。世界の中で混合燃料という流れと、石油から植物へという流れとがあって、一次産業と二次産業が重なってきているわけです。

一次産業と二次産業が融合する

将来的にはアメリカの穀物地帯の真中に工場ができるようになるでしょう。すでにアメリカの穀物商社カーギルはこういう工場を持っています。植物からプラスチックを取り、それを販売しています。

実は日本でも進んでいて、帝人と旭化成と東レの三社が始めています。穀物からプラスチックをつくるという技術開発を進めています。

今回、トヨタは、新しいプラスチックを開発するにあたって、日本では東レと三井化学をパートナーとして選びました。アメリカではデュポンを選んでいます。

これが実用化すると、一気に石油化学プラスチックが全部穀物になったりはしないでしょうが、ほかにもいろんな可能性が出てくるでしょう。

例えば、植物の余ったもので、イネとかワラとかからプラスチックを創る可能性もあります。いろんなものを使って実験をしていますが、今のところはトウモロコシが一番効率がいいとされています。

他の会社が開発するなら、普及しないかもしれませんが、他ならぬトヨタが率先してやるとなったら普及するでしょう。見込みのないものに大きく投資したりはしないでしょうから。その意味で、すごく大きな影響を与えるでしょう。下手をすると化学工業界を変える動きです。その意味で、やはり「陽はまた昇る」象徴の一つは、トヨタだと言えます。

このほか、電機や精密、情報機器大手もトウモロコシなどの植物を原料とするプラスチックの利用拡大に乗り出してきました。多くの企業が植物系プラスチックを採用してくれば、石油系プラスチックの三倍という現在の価格が大幅に下がって、普及が促進されるようになるでしょう。

新たな市場を開く日本のオリジナル技術

建っているだけで環境汚染を防ぐビル

今や東京の名所の一つになった「新丸の内ビル」は、東京駅の真正面という地の利もあって、いつも大勢の人で賑わっています。新丸ビルは、多くの有名店が入居していることで人気を呼んでいますが、このビル自体が、建っているだけで空気中の汚染物質を分解していることは、案外知られていないようです。

新丸ビルの外壁には、「光触媒」という日本独自の技術が使われています。この「光触媒」とは、一九六七年、当時、東京大学の大学院生だった藤嶋昭氏（現在は名誉教授）が発見し、日本で研究されてきた物質です。現在、製品として使われているのは、家電製品をはじめとして白色の塗料の原料として知られている酸化チタンです。この物質は、光を当てると汚れや化学物質を分解する力を持っているのです。

この光触媒は、水になじむ性質を持っています（超親水性）。通常、金属などに水滴を落とすと、水の表面張力で水滴は丸くなります。ところが、酸化チタンを塗った材質の上では、この表面張力の働きが小さくなり、水滴が丸くならずに酸化チタンにまんべんなくぴったりとくっつくようになります。この性質が汚れを落とす力になっていくわけです。

この性質を生かして、曇らない自動車のサイドミラーや、水だけで風呂やトイレの汚れが落ちて、しかも抗菌性があるタイルなどが実用化されています。

また、酸化チタンには強力な酸化力があるため、化学物質を分解する働きも持っています。特に日光が当たれば当たるほど酸化力を増し、大気汚染物質である窒素酸化物やイオウ酸化物などをどんどん分解していきます。

ですから、雨が降れば、汚れが落ち、晴れて日光が当たれば、新丸ビルの周りの大気汚染物質を分解していく。嘘みたいな本当の話が、この光触媒をコーティングした外壁によって毎日行われているのです。

「土壌汚染」や「エネルギー問題」も解決!?

この光触媒を使えば、社会問題化している土壌汚染も低コストで浄化することが可能となります。例えば、発がん性が指摘されている有機塩素系化合物を含む土壌の浄化実験では、約二千平方メートルもの土地の浄化に成功しました。

また、東京大学先端科学技術研究センターでは、超親水性の性質を利用して建物を冷却する実験にも成功しています。酸化チタンを混ぜた塗料を屋根に塗り、微量の水を流すと、超親水効果で水が均一に広がり、長時間に渡り「打ち水」状態を作り出すことができました。

これにより、雨水を貯めておき、夏の暑い時期にこの水を流せば、建物全体を効率的に冷やすことが可能となるのです。

さらに光触媒の応用分野は、エネルギー分野にも広がり始めています。太陽光に反応する特殊な光触媒が開発されたことにより、水を水素と酸素に完全分解することに成功しました。未来エネルギーとして注目されている水素を、水から低コストで取り出すことができれば、環境問題にも大きな朗報となります。

ここへきて、がんの増殖も抑制することができる光触媒をＴＯＴＯが開発しました。副作用の少ない新しいがん治療につながる技術として注目を集め始めています。

日本が世界で初めて開発したこの「光触媒」に基づく産業は、二〇二〇年代には一～二兆円産業になると予測されています。宅配便が始まって三〇年間で一兆五〇〇〇億円ほどの市場となりましたが、それを上回る新たな産業が日本独自の技術によって、今、離陸しようとしているのです。

鉄腕アトムが実現する日本

すでに鉄腕アトムの時代を迎えた日本

手塚治虫氏が描いた「鉄腕アトム」は、二〇〇三年の日本で人型ロボット「アトム」が誕生したという時代設定になっています。私も「鉄腕アトム」や「鉄人28号」などの人型ロボットが活躍するマンガに、胸をわくわくさせながら育った世代です。

そんな私が実際にロボットを見たのは、社会人になってからでした。「ロボットがロボットを作る」というキャッチフレーズでしたが、そのロボットとは、人型ではないロボットだったのです。

今では製造業を中心に産業用ロボットが活躍していますが、人型のロボットを想像していた私にとって、それは残念なロボットとの初対面でした。

工場を低コストにしたロボットたち

現在、産業用ロボットはどんどん進化しています。山梨県忍野村にあるファナックの本社工場では、人影はほとんどありません。工作機械メーカーと共同で開発した無人加工ライン「ロボットセル」では、作業員は鋳物などの加工したい材料を加工ラインに置くだけです。

パレットの上に乱雑に置かれた材料の位置をロボットが視覚センサーで確認し、材料を壊さないように柔らかくつかみ上げます。そして、それを工作機械の前に差し出すと、工作機械が寸法通りに切削加工します。すると「バリ取りロボット」や「洗浄ロボット」が仕上げまでをこなすのです。材料だけ提供すれば一年間でも連続稼動が可能です。

同社の新型ロボット加工ラインは、二〇〇二年七月に稼動しましたが、同社の旧型ラインに比べて生産効率は格段に良くなっています。加工コストが旧型よりも三五〜四五％安いのです。先進国中で最も早く少子高齢化が進む日本ですが、ロボットを使った自動化で世界の頂点にある日本の製造業は、低コストで高付加価値のモノ作りが出来る環境になってきています。

また、ロボットの活躍は産業用だけではありません。医療の現場で、医者をはるかにしのぐ腕前を持つロボットがいます。船舶用のプロペラを製造する岡山県のナカシマプロペラと東京大学が共同で開発した手術ロボットは、人工関節を膝関節に埋め込み、機能を回復させる手術ができます。

この手術は、極めて高度な技能が求められるものです。人工関節がぴったり合わないと、自前の骨が磨り減って痛みます。この難しい手術を手術ロボットは、医者の一〇倍の精度でやり遂げたのです。

世界初の二足歩行ロボット

さて、いよいよ鉄腕アトムの話になります。先ほどから紹介してきたロボットは、いずれも固定されています。ところが、話題を呼んだホンダの「アシモ」君などは、二足歩行ロボットです。ソニーが開発した小型ロボットは、二本足で歩くだけではなく、「パラパラ」という若い人に流行ったダンスを器用に踊ります。

二足歩行とは、二本足で人間のように歩くことを指しますが、ロボットが二本足で歩くのはとてつもなく難しいのです。アメリカの国防総省は、軍事用の「歩くロボット」を開発しようとして、随分努力していました。旧ソ連も同様の研究開発を行っていましたが、実現できませんでした。

人間は、あまり意識することなしに歩いていますが、ロボットが足を一歩進めるだけでも大変な計算が必要となります。空中のどの位置に足を進めるか。そのときの体の傾きをどのように制御するか。こうした「空間における位置決めの計算」を行って、ようやく一歩進めるのです。

また、進むのと同時に体のバランスを取るためにはジャイロコンパスが必要ですが、小型で高精度のジャイロコンパスが無かったために、なかなか歩くロボットができませんでした。

しかし、空間位置決めの計算を分散型の計算処理で対応したことと、超小型のジャイロコンパスが開発されたことで、二足歩行ロボットが可能になってきました。米ソの軍事技術の粋を集めても開発出来なかった二足歩行ロボットを、何と日本は、一企業レベルで開発してしまったわけです。

さらに人間並みに自分の体のバランスを取れるようになったら、ロボットが活躍する場は飛躍的に増えることになります。危険な場所での仕事やハードな仕事は、ほとんどロボットがやり、人間はより高度な仕事を手がける。そんな未来社会が、世界で最も早く実現するのが日本であると思います。

それも、さほど遠くない未来において実現できる技術を日本は持っているのです。エンターテイメントの分野だけではなく、ロボットが現実に人間社会全体にどんどん貢献していく。これが近未来の日本の姿なのではないかと予測されるのです。

世界一を誇る日本の超テクノロジー

「新・三種の神器」を広める日本

「モノが売れない」と言われる中で、「新・三種の神器」と呼ばれてヒットしている家電製品があります。ご存知だと思いますが、「デジタルカメラ」、「薄型テレビ」、「DVD」の三つです。

デジカメは、二〇〇一年に出荷台数でフィルムカメラを追い抜きました。また、未来型テレビとして「壁掛けテレビ」が出現すると言われて久しいですが、液晶テレビやプラズマテレビが人気を呼び、薄型テレビも急速に普及しています。

かつてカラーテレビが出現した時、わずか五年ほどで白黒テレビに取って代わりましたが、家電業界によると、現在、当時の変化よりももっと早く、薄型テレビへの移行が進んでいるそうです。

これらの変化は、消費者が「より便利なものを」と求めていることから起きていると言えましょう。例えば、従来型のフィルムカメラは、プリントした時の写真がきれいであることは事実ですが、一本のフィルムの枚数に限界がありました。

ところがデジカメの技術力が大幅に向上したことで、私たち素人には、フィルムで撮った写真と区別がつかないほどに画像が良くなりました。その上、一枚のチップで数百枚以上の画像を撮れることや、自分の好きなようにパソコンで編集できることなどの利便性から、ますます普及していくことでしょう。

DVDも出荷台数でVTRを逆転しました。どこでも自分の好きな場面からすぐに映像を観ることができることや、VTRに比べて、はるかに画質が劣化しにくいことなどから、映像関係の主役になったのです。

また、こうした「映像のデジタル化」の動きは、映画の世界にも大きな影響を及ぼし始めています。これまでのフィルムによる映画は映写機でスクリーンに写していましたが、最近はデジタル映画が出て来始めているのです。

これは、映写機なしで直接スクリーンに映画が出てくるのです。フィルムを映画館に運ぶ必要もなく、映像の劣化もはるかに小さくなります。編集も楽になり、映画産業の総コストを削減できる可能性が大きくなります。さらにデジタル映画は、既存の撮影機や映写システムが入れ替わり、大きな市場になる可能性を秘めていると思われます。

以上紹介した「新・三種の神器」は、世界でも圧倒的に日本が強いのです。デジカメは既に日本企業同士の過当競争になっていますが、薄型テレビとDVDは、まだまだ世界に普及していくでしょう。この二つの分野は韓国勢や台湾勢が追いかけてきていますが、性能が高い高級品は日本の独壇場となっています。

これらのデジタル家電は一〇年以上前から期待されていた分野ですが、ようやく本格的な普及期に入ったと言えます。

実は印刷で作られている自動車部品

ほかにも、日本の超テクノロジーが産業構造を変えていく分野があります。その一つが印刷技術です。

これは意外に思われるかも知れません。私たちは、印刷といえば活字の世界、書籍の世界という印象しかないと思います。ところがこの認識は、印刷の一面しか見ていません。

原版を微細に加工し、ずれのないカラー印刷物に仕上げる日本の印刷技術は、世界で突出したレベルにあります。この技術が自動車や電子の世界にまで広がり出しています。

例えば、自動車部品への印刷があります。大手印刷会社が自動車部品メーカーと共同で開発した印刷技術「カールフィット」は、ゆっくりと流れる水の上に水溶性のフィルムを浮かべます。フィルムには木目や水玉模様などを印刷してあり、そこに静かに材料を沈めると、フィルムがピッタリと材料に張り付く。引き上げて溶け残ったフィルムを洗い流して乾かすと、印刷された自動車部品ができ上がります。

この技術で木目を印刷した自動車部品を、日本の主要自動車メーカーが採用しました。また、外国の自動車会社も、この印刷技術を外装の塗装に使っています。

また、ある大手印刷会社の子会社は、紙やプラスチックなどの表面に、発電素子を印刷する技術を開発しました。これは、紙のように薄い電池を開発しようという試みです。現在、パソコンに電力を供給するために、厚さ〇・五ミリ程度の薄い電池を開発しようとしています。

これが開発できれば、超軽量のノートパソコンができるようになります。私もこのような電池が開発され、重さ三〇〇グラム程度のパソコンが出てくることを待ち望んでいます。

このように日本の印刷技術は、世界の印刷業界でも類をみない進化を遂げ始めているのです。

復活を遂げつつある日本

自信を取り戻す日本企業

思い起こせば、世界中がその強さに目を見張った八〇年代の日本（楽観の一〇年）から、自信を失った九〇年代（悲観の一〇年）を経て、今、日本企業はようやく自信を取り戻しつつあります。

九〇年代に世界を席巻したかに見えた米国式経営も、ＩＴバブルが崩壊した二〇〇〇年ごろを境にして、評価が変わりつつあるようです。合理的、効率的な経営、株主を重視する株主資本主義とも言うべき経営手法が、あたかも「世界のグローバル・スタンダード」とばかりに、米国は世界に対して喧伝していました。

しかし、表面上の利益を操作して、急成長企業であるかのように振る舞っていたエンロン社の実態が表面化したころから、私腹を肥やしていた企業幹部の不祥事などが相次いで発覚するに及び、米国式経営にも批判的な人たちが数多く出てきました。

一方、好調を続けるトヨタやキヤノンの経営は、実力主義など、米国式経営の良さを学んで取り入れてはいますが、決して米国流一辺倒ではありません。

もし、米国式経営が最も優れた手法であるなら、米国における自動車市場で、日本勢がシェアを伸ばし続けることはできていないはずです。

しかし、「日本車は性能が良く、故障がなくて強い」という評価が高まり、トヨタ、ホンダだけではなく、復活してきた日産などもシェアを伸ばしてきました。米国の自動車産業においては、日本勢が着々と勝ち進んでいるのです。

トヨタの「日本化宣言」

「カンバン方式」と世界に呼ばれ、世界中が学ぼうとしているそのトヨタが、二〇〇二年一〇月二二日、千葉県の舞浜のイベントホールで、世界の卸売業者を約二〇〇〇人集めて今後のトヨタの経営戦略を説明する「トヨタ・ワールド・コンベンション」を行いました。

ここでトヨタの幹部は、「日本が古来から持ち、世界が認める良さを、技術やデザインに反映し、どんどん発信していく」と語り、スクリーンには座禅や茶道などの映像が次々と映しだされました。参加者の多くは、「トヨタの日本化宣言」と受け止め、ある種の驚きを覚えたようです。

というのもトヨタは、日本が自信を失っていった九〇年代に国際化を加速し、今や海外生産比率は四割を超えています。開発・生産・販売を現地で手がけ、進出先に溶け込もうと努力してきました。そのトヨタが海外で発売する車に日本的要素を埋め込み、それを積極的にアピールしようとしていたからです。

「ラスト・サムライ」に見る日本文化の広がり

日本復活の兆しは経済面だけではありません。例えば、日本でもヒットしたアメリカ映画「ラスト・サムライ」にも見られるように、米国に日本文化が浸透し始めています。二〇〇三年に私が訪米した時にも、日本の鎧や兜、日本刀などが、ニューヨークのデパートのショーウィンドーに展示されていました。

既にご存知のように、日本のアニメが米国に浸透しており、日本文化に関わるものが、結構米国に広がっているのです。日本文化を「クール＝かっこいい」ととらえ、アニメから工業製品まで、日本的なものを欲しがる新しい消費世代が台頭してきています。

中には野球帽の真中に、ヤンキースのマークならぬ「怒」という漢字を入れて、ニューヨークの街中をかっ歩している若者もいました。「そんなに怒ってどうするの?」と思わず言いたくなる文字でしたが、意味が分からなくても漢字が「かっこいい」という世代が確かに育っています。

近代美術の殿堂であるニューヨーク近代美術館では、芸術的価値を認められた商品だけしか販売しない付属ショップで、「無印良品」の文具と化粧小物が人気を呼んでいます。低価格で無駄を省いた奥ゆかしいデザインが、米国人たちにも受けているようです。

世界中が日本の経済力のみに注目していた八〇年代と違って、今は、「日本的なもの」に対して多大な興味が抱かれ始めている時代のようです。

経営の話に戻しますと、現在、セブンイレブンやファミリーマートが共に、韓国・台湾へ、それぞれ一〇〇〇店以上の規模で出店しています。これは、「日本型コンビニエンスストアの効率性と利便性がどこでも通用する」ことを物語るエピソードだと思います。

もちろん、まだまだ日本経済には非効率的なものや、国際的な競争力が低いものもたくさんあります。しかし全体的に見ると、最近、さまざまな分野で「日本の復活」が起き始めている——。こうした実感を今、持っています。

デジタル革命を起こす究極のミクロ技術

日本発の基本ソフト「トロン」の活躍

パソコンは、ディスプレー（画面）とキーボード（操作を行う部分）と本体部分（記憶したり、計算したりする部分）の三つで成り立っています。

現在、計算を行う半導体では、米国のインテル社のものが世界を席巻しています。コンピュータそのものを操作するための頭脳部分である基本ソフトは、同じく米国のマイクロソフト社の独壇場です。

ところが、いま世界中に普及してきた携帯電話は、マイクロソフトのプログラムではなく、日本の「トロン」という言語プログラムで動いています。「トロン」とは、東京大学の坂村健教授が、米国の技術に頼らない日の丸コンピュータを作ろうとして開発した基本ソフトです。

残念ながら日の丸コンピュータは陽の目を見なかったのですが、携帯電話を作動させるには最適なソフトとして、よみがえりました。

今では、世界中の携帯がこの日本発の「トロン」で動いています。私は以前から「携帯電話がパソコン化する時代」が来ると考えてきましたが、そのときの基本ソフトは、日本の「トロン」になる可能性があると思います。

携帯電話のパソコン化を可能にする技術

私は以前から、何とか重さ三〇〇g程度のパソコンができないものかと願ってきました。現在、持ち運びができるノートパソコンは最軽量でも一kgあります。私が出張で持ち歩いていたパソコンは二kgほどあって、歩いて運んでいると肩が抜けるのではないかと思うほどの重さでした。「パソコン」という概念に縛られているのか、なかなか私が望むようなパソコンが開発されません。

しかし、携帯電話が高機能化していく姿を見ていると、「携帯電話がパソコン化する日」

が近いのではないかと思えるようになってきました。ただし現状では、携帯の電波通信がパソコン機能の誤作動を引き起こすことが、携帯電話をパソコン化する上での問題点となっています。

ところが、日本が一〇年ほど前から官民一体で研究している「フェムト秒レーザー」が、この問題を解消できる可能性を持ってきました。フェムトという聞きなれない名称は、現在マスメディアで取り上げられる機会が多くなってきた「ナノテクノロジー」よりもさらに小さな単位（ナノは一〇億分の一、フェムトは一〇〇〇兆分の一という極微小の世界）のことです。

極微小のレーザーのため、非常に膨大な量のデータを記憶することができます。このレーザーによって光コンピュータができれば、電波で通信する携帯電話の機能とパソコン機能の共存が可能となります。

ナノテクレーザーが、巨大な紙に書道家が大きな文字を書く時の身の丈ほどもある大きな筆とすれば、フェムト秒レーザーは極微小の筆に当たるでしょう。同じ用紙であれば、文字を一〇〇万倍書けることになります。

さらに、このフェムト秒レーザーの大きさは物質の分子構造に入り込むほどの極微小であることから、半導体の概念を大きく変えるものになっています。通常の半導体は、表面にだけ情報を記録するものですが、フェムト秒レーザーでは半導体の内部にまで情報が書き込めるのです。

極微小レーザー技術を持つ超古代文明があった!?

少し話は変わりますが、一九二七年に中南米のホンジュラスで発見された「水晶ドクロ」というものがあります。人間の頭蓋骨を水晶でかたどったものですが、その精巧さに考古学者が驚嘆したものです。なぜかといいますと、水晶は硬いのですが、一方でもろさがあります。それを人間の頭蓋骨そっくりに研磨する技術水準は現在の技術でも高すぎて、これほど精巧な水晶ドクロは作れないと思われるからなのです。

そこで、どのような方法で水晶を研磨したのか、さまざまな角度から研究が開始されました。その一つに、水晶ドクロにレーザーを当ててみる方法が採られました。すると、レーザーを照射した反対側に明らかに文字と思われるものや図表らしきものが映し出されたのです。これには研究者たちもビックリしてしまいました。

水晶の表面をどんなに探しても文字や図表らしきものは刻まれていません。どう考えても水晶内部に書き込まれているとしか考えようがないのです。水晶自体を精巧に研磨するだけでも驚きなのに、さらに水晶の中に何かを書き込む技術は皆目見当がつかず、研究者たちは途方に暮れてしまったようです。

しかし、日本が始めたフェムト秒レーザーの研究が一〇年ほど前に新聞で小さく報じられた時、私は「水晶ドクロの文字らしき書き込みは、この技術だ」と直感しました。ただし、学術的に認められている訳ではありませんので、あくまでも私の直感です。

ディスク一枚に映画一万本を録画

私は、このフェムト秒レーザーは、ナノテクノロジーを上回る大変画期的な技術になると思っています。今回は、具体的な事例を一つだけ紹介しておきましょう。

フェムト秒レーザーの分野で世界トップクラスの研究者である京都大学の平尾一之教授は、角砂糖一個の大きさに「新聞三〇〇年分のデータ」を記憶させることに成功しました。現在のＤＶＤディスクは二～三時間ほどの映画を一本収録出来る能力を持っていますが、フェムト秒レーザーを使えば、ＤＶＤディスクに一万本の映画を録画することも可能になります。このように膨大な情報をコンパクトに処理できるような技術は、真のデジタル革命を起こす可能性があると思うのです。

世界をリードする日本の新型電池

再び伸び始めた電池の需要

ＩＴバブルが崩壊した二〇〇〇年ごろを境に低迷していた電池の売上げが、近年、再び増加してきました。

特に、充電して再使用出来る「二次電池」の需要が伸び出しています。携帯電話やデジカメ、携帯情報端末、ノートパソコン向けなどの電池需要が増えてきたからです。

ある調査によると、二〇〇五年の日本の電池市場は一兆円以上の規模。世界の電池需要は二兆六三五〇億円とみられますから、世界の中でも非常に大きいものがあります。日本市場が大きいだけに、世界市場でも日本のメーカーが大きなシェアを持っています。

また、現在の主流は「リチウムイオン電池」ですが、これを上回る性能の電池開発に様々な工夫がなされ、もう一段進化する様相を見せ始めています。

今、二〇万円ほどのノートパソコンに内蔵されているリチウム電池の価格は、パソコン本体価格の約一割、二万円程度です。燃料電池などの新型電池はリチウム電池の二倍かあるいはそれ以上の電気容量を持っており、現在は高価なものになるこうした新型電池の価格が本体価格の一～二割程度にまで下がれば、消費者の購入意欲が高まるとみて、各社とも価格低下に懸命になっています。

続々開発される新型電池

日立、東芝、NECの三社は、燃料電池の燃料となるメタノールを直接、電極に反応させて発電する「ダイレクトメタノール型燃料電池」を開発しています。この方式は燃料電池のシステムを簡素化できるメリットがありますが、発電効率が低いのが難点です。

また、改質器を使ってメタノールから水素を取り出し、それを充電器に送り込んで発電するのが「メタノール改質型燃料電池」です。カシオは半導体の微細加工技術を応用して、「複雑な構造を持つ改質器」を五〇〇円玉大まで小型化することに成功しました。

電池本体はリチウム電池とほぼ同じ大きさですが、電気容量は約四倍の電池を開発しました。現在のリチウム電池ですと、パソコンの連続使用時間は二時間程ですが、カシオのメタノール改良型燃料電池は八～一六時間使用が可能となります。

私も早く欲しいのですが、可燃物のメタノールは現行法では劇物扱いですので、規制緩和が必要となります。経済産業省が二〇〇七年にも緩和することを検討中ですので、カシオもそれに合わせて、二〇〇七年には実用化する予定です。

一方、ＮＥＣは短時間で充電できる「有機ラジカル電池」を開発しました。現在、デジカメや携帯型ＭＤ（ミニディスク）プレーヤーなどに使われているニッケル水素電池と同等の性能ですが、急速な充電と長時間の放電が可能となるのが特徴です。

デジカメや携帯型ＭＤプレーヤーの充電は現在一時間程かかっていますが、充電時間を約三〇秒程に短縮することが可能な電池です。電気カミソリなど携帯型の電気製品が格段に使いやすくなります。

未来を制する電源はどれか？

さらに、もっと興味深い技術が出てきました。「キャパシター」と呼ばれるものです。従来から電子部品として使われているコンデンサの一種です。

電子顕微鏡の最大手である日本電子は、キャパシターの蓄電容量を従来の一〇倍にすることに成功しました。日産ディーゼルと共同でハイブリッド車向けの電源として量産に入るための開発を進めています。

このキャパシター開発のベンチャー企業であるパワーシステムでは、キャパシターの蓄電容量をさらに上げることに成功しています。携帯電話でしたら一〜二分程度で充電することができます。

キャパシター自体が充放電を何万回以上繰り返しても劣化しないこと、大容量の貯蔵が可能となったことなどから、一気に電源の主役に踊り出る可能性を秘めている技術です。

未来を制する電源は、燃料電池か、有機ラジカル電池か、キャパシターか。これらは、いずれも日本の技術で作られています。環境に配慮した次世代のエネルギー源として、日本発の技術が世界をリードしているのです。

原油価格が上昇してもビクともしない日本経済

ＢＲＩＣｓの石油需要が伸びている

最近、原油価格が上昇してきたので、日本の景気の拡大を鈍化させる可能性があるといった記事がよくみられるようになってきました。確かに、現在の原油価格が六〇ドル近辺で高止まりすれば、徐々に景気にも影響が生じてくることになるでしょう。一般的な報道では、イスラム原理主義グループのテロの危険性が続くことや、中東地域の政情不安定さから原油価格が上昇しているといった見方が報じられていますが、それだけでは一面だけしか見ていないと言えます。

原油価格の上昇は、決して不穏な中東情勢のせいばかりではありません。

最も大きい要因は投機資金の流入とともに、世界で成長が著しいＢＲＩＣｓの石油需要が伸びているからです。ＢＲＩＣｓとは、ブラジル、ロシア、インド、中国の頭文字を取った米国での造語ですが、特に中国の石油消費量の伸びは群を抜いています。単純な話が先進諸国の一人あたり石油消費量は一九八〇年頃から年率で一％程度しか伸びていませんが、中国は一九八〇年に比べて二〇〇二年の一人あたり消費量は二三一％増加しています。

世界の製造拠点として注目されている中国ですが、当然ながらモノ作りを行うと様々な形でエネルギーを必要とします。中国沿海部（上海を中心とした華南経済圏）の四億人は、中国の中でも経済的に豊かになってきていますが、生活水準も少し上がってきたことで、家庭生活でも多くのエネルギーを使うようになってきています。電気を使わなかった生活から、一度電気を使う生活になってしまうと、原油価格が上がったから、「それでは電気での生活を止めましょう」とはいきません。

日本でも原油価格が急騰したオイル・ショックの時代でも総エネルギー量は減りませんでした。一三億人の中国と一〇億人のインドが工業化していけば、一人当たりの消費量はまだ小さいとは言え、かなりの規模の原油量が消費されることになります。これが、原油価格が上昇していることのもう一つの背景です。

原油価格は七〇年代のオイル・ショック時を上回っているのに、なぜ経済的なパニックが起きないのか？

二〇〇五年、原油価格が一バレル七〇ドル近くまで上昇しましたが、一九七〇年代前半から一九八〇年頃にかけて起きた原油価格急騰（オイル・ショック）時の四〇ドルを大きく上回っています。

中東依存度が高かった日本（いったん中東の依存度が低下しましたが、現在はオイル・ショック時を再び上回っています）ではパニック状態に陥り、ガソリンスタンドでは行列が起きたり、企業は社内の蛍光灯を半分しか点けないなどの電力節約を行ったりして大変な状況が続きました。

原油価格は、その当時よりも三〇ドル近くも高くなったのです。しかし、パニックが起きたという話はありません。むしろ、アメリカやヨーロッパ、あるいは電力不足の中国では、困っていて、家計や企業のコスト増を気にする状況が見られるとの記事が出てきています。

なぜ資源がない日本で三〇年ほど前のオイル・ショックのようなことが起きてこないの

でしょうか？　アメリカは自国に原油がありますが、国内原油ではとても賄い切れないほどの世界一のエネルギー消費国です。ある意味でエネルギー効率が悪い国ですので、原油価格が上がれば企業のコストも増大しますし、家庭でも自動車や電気、ガスなど大量にエネルギーを消費していますので、石油価格やガスの価格が値上がりすれば、様々な影響が出てきます。

二〇〇四年の春頃は二五ドルだった原油価格が現在は五〇ドル以上になっていますので、二倍になっているわけですから、ガソリンや灯油、電気料金など当然ながら値上がりしています。一説には二年間でアメリカの平均的な家庭の電気・ガスへの負担が三～四倍になったとも言われています。

しかし、日本はどうでしょうか？　アメリカほどの声は聞かれません。企業からも「何とかしてくれ」と言った声はまだ出ていません。日本とアメリカの違いはなんでしょうか。実は、日本経済そのもののエネルギー効率が大きく改善されていることと、日本の省エネ技術が大きく貢献しています。

日本経済は原油価格上昇に対して耐久力が増している

日本は企業の努力で主に生産過程での省エネルギー化が進んでいます。内閣府の分析によると、オイル・ショックが起きた一九七〇年代に比べて約三分の二のエネルギーで同じ水準の国内総生産（ＧＤＰ）を生み出すことができる構造に変わっています。

この三〇年間ほどでエネルギー効率は様変わりしているのです。実質ＧＤＰに占める原油など最終エネルギー消費の割合（一九七〇年＝一〇〇としたもの）は、第一次オイル・ショックが起きた一九七三年度の一〇四・三に対して、二〇〇一年度は六九・一まで低下しています。

同じ付加価値を生み出すのに必要なエネルギーは約三分の二まで減少しているわけです。

もう一つは円高によるメリットです。第二次オイル・ショックが起きた一九八〇年前後では名目ＧＤＰに対して原油輸入額が一時五％に迫るほどまで上昇し、日本経済を揺るがしましたが、二〇〇三年度は一％程度まで下がっています。一ドル＝三六〇円だった時代からプラザ合意（日本など先進五カ国が為替をドル安に進めることに合意したもの）後、今日の一ドル＝一〇〇円台への中長期的な円高進行で、円換算の輸入額が目減りした影響が大きいのです。

円高を嫌がる論調が一般的ですが、円高のメリットが大きかったわけです。一九七〇年代と同様に一ドル＝三六〇円だったら大パニックになっていたでしょう。

主要諸国との比較でも日本経済のエネルギー効率の良さは際立っています。一〇〇万ドルのＧＤＰを生み出すのに必要な原油換算のエネルギー量（指数）は、経済協力開発機構加盟国（ＯＥＣＤ）の平均一九一・三に対して、日本は九二・二です。単純な表現をすれば、先進諸国平均の半分以下のエネルギーで同じ付加価値の生産を行うことができるわけです。

これを一九七六年と比較してみると左表のようになります。

これが日本経済の底力です。原油価格がここまで上がってきているのに三〇年前よりも格段にエネルギー効率が改善したのは円高と企業努力が実を結んだ結果と言えましょう。

かつて原油高に弱かった日本経済が、三〇年経ってみると欧米よりも原油高に強くなって

	1976年	2000年
米国	433	255
ドイツ	184	146
日本	126	92

いることがこのような経済データからうかがい知ることができます。

別の見方をすると、日本の家電製品の省エネ化もあります。冷蔵庫は三〇年前の製品よりも電力消費量が五分の一程度まで下がっていますが、性能は格段にアップしています。企業の生産段階の省エネ化だけではなく、多くの製品が省エネ技術の進化によって家庭の省エネ化も進んでいるのです。

日本経済の資本効率は悪いと欧米から言われていますが、エネルギーの効率は世界に誇るべきものであると思います。

中国・インドの人口問題にどう対処するか

インドが中国を抜いて人口世界一になる

国連が発表した二〇五〇年の世界の人口予測によると、インドの人口が一五億人を超えて世界のトップになるそうです。人口動態の変化と経済成長について歴史を紐解くと、ある程度相関関係が伺えます。人口増加は経済成長を促しますが、人口減少は一般的に経済成長の衰退につながりやすいと言われます。しかし、必ずしも経済が停滞するわけではありません。

近年中国の経済成長が世界の注目の的となっていますが、高度成長を続けている中国経済にも将来的な問題を抱えています。中国の出生率は一九八七年頃に二・四人（一組の夫婦から生まれる子供の人数）でした。その後、中国政府が掲げた「一人っ子政策」により出生率が急激に下がってきており、二〇〇三年には一・一人程度までなっています。北京や上海などの大都市では出生率が既に一を割り込んでいるとの分析も出てきています。

これは新聞に出ていた話ですが、北京市内でレストランを経営する三三歳のある女性は、同い年の夫と話し合って「一生子供を作らない」と決めたそうです。貿易商を営む夫と二人あわせて年収二五〇万元（約三二五〇万円）を超えており、マンションを三軒持ち、昨年五月には北京郊外に建築中の別荘が完成します。海外旅行は年二回行くなど中国ではかなりな金持ちと言えます。

急速に高齢化する中国

このように一人っ子政策とは関係なく、子供を産まない夫婦が増加しています。都市部で大企業や官庁に勤める人達は老後の保障もあり、将来に備える経済的な余裕を持つ人達がいる一方で、厳しい生活を強いられている人たちもいます。前述の豊かな夫婦が住んでいる市街地から車でわずか二〇分のところに出稼ぎ労働者が集う市場があります。三四歳の野菜売りの女性は河南省の農村を出て五年、子供三人を夫と共に野菜売り場で働いて養っていますが、年収は一万二〇〇〇元（約一五万六〇〇〇円）です。

都市部に生活する人達の平均年収と全人口の大半を占める農村部の所得者層との所得格差は一段と拡がりをみせています。農村部の人達は老後の保障もなく、一生働き続けるしかない状態です。高成長を続けている中国ですが国民一人当りの国内総生産は一〇〇〇ドルをちょっとだけ上回った程度です。日本は同三万一〇〇〇ドル（約三二六万円）です。この数字を記憶しておいて下さい。

先ほど中国の出生率は一・一人まで低下したと話しました。中国は一三億人を抱える世界最大の人口を持つ国家ですから、全体としての経済規模は大きく見えます。しかし、一人当り国内総生産が一〇〇〇ドル程度ですから発展途上国並でしかありません。それなのに急速に高齢化社会に入り始めているのです。日本の高齢化問題が盛んに言われていますが、経済が成熟して少子高齢化した日本と、途上国段階で高齢化してくる中国との違いがあります。

BRICsでも少子高齢化が進んでいる

ロシアでも人口の減少が既に進行しており、この一〇年で五〇〇万人減少し、一億四〇〇〇万人になっています。一八～一九歳の人口減少が加速しており、兵士の定員割れが生じてきたことから在学中の大学生への兵役猶予措置を廃止すると政府が発表しました。これに対して二〇〇五年の年明けから各地の大学でデモが広がっているほどです。ロシア科学アカデミー人口・人間環境センターの長期予測では二〇五〇年のロシアの人口は現在の三分の二を下回り一億人を割り込む可能性があるとしています。現在、世界の経済成長の中心となっているBRICs四カ国にも少子高齢化という日本同様の人口問題があるのです。

中国、ロシアと違ってインドの人口は二〇〇〇年の一〇億人から二〇五〇年には一五億人を超えると予測されています。国連によりますと二〇三五年にインドは中国を抜き、世界一の人口大国になり、二〇五〇年には一五億三〇〇〇万人になると予測しています。インド一国で東南アジアに匹敵する五億人の人口が新たに加わることになります。

インドでは若年労働人口（一五～三九歳）が二〇二五年に五億五〇〇〇万人まで膨らむとみており、今後経済成長が大きくなると予測しています。ただし、二〇〇〇年のGDPは四〇〇〇億ドルですので、一人当り国民総生産は三八四ドル（約四万円）です。中国に較べてもまだまだ経済規模は小さいのです。

インドは数学教育に熱心な国で、掛け算の「九九」ならぬ「一九×一九」の二桁の掛け算まで暗記させる数学大国になりつつあります。理科系大学の最高峰であるインド工科大学（ＩＩＴ）は総定員三四〇〇〇人の枠に対して、全国からトップレベルの受験が一七万人以上集まるほどの激戦となっています。「ＩＩＴに落ちたらＭＩＴ（米マサチューセッツ工科大学）に行くか」という冗談が言われるほど高いレベルにあります。

高等数学を修めた人達が情報（ＩＴ）関連企業に勤めており、ＩＴ関連の高等教育機関も全国に四〇〇ほどあって、年間約一五万人ほどのＩＴ技術者を輩出しています。彼らは米国を始め、世界中のＩＴ技術関連企業に就職しており、いまでは世界が最も欲しがるＩＴ人材供給国となっています。このように高度な部分もありますが、現実はインドの人口の七割は農業従事者であり、経済の五割を農業が占める農業国家なのです。

インドの隣国であるバングラディシュとパキスタンの人口も急増すると予測されています。インドにこの二国を入れますと二〇五〇年には三カ国で二四億人となり、「世界の人口の四人に一人は南アジア人」と言うことになります。この地域はヒンズー教徒が大半を占めるインドとイスラム教徒が九割を占めるバングラディシュ、八割を占めるパキスタンとの歴史的な確執があります。南アジアの火薬庫と表現する人もいます。いましばらくはインドの成長も続くと思われますが、中長期的に見てどうかと言われると少々疑問が残ります。

これまでの歴史で言えば、人口増大は経済成長の大きな要因ではありますが、これだけがすべてとは言いかねる面があると思えます。人口が減っているのに栄えたジェノバや元禄期の日本などの繁栄が事実あったのですから。

第四章

失われなかった一〇年

先端産業化する「農業」に注目

未来を拓くキーワード「SORK」

日本経済がいかに強いか。ここ数年の動きを追ってきました。

しかし、日本経済は最近になって急に強くなったわけではありません。実は「失われた一〇年」と言われる不況の真っ只中にあって、研究開発投資を積極的に続け、未来を拓く画期的な技術が次々と生まれたりしていました。

不況期とは、逆風の中から新たな産業が立ち上がるチャンスの時でもあるのです。混迷深まる時こそ、未来産業にとって「黎明《れいめい》の時代」であると言えましょう。

そこで、第四章では、ここ一〇数年に起きた大きな産業の変化について紹介していきたいと思います。いずれも不況の中で産声を上げたものばかりで、最近の景気の回復の先導役を果たしたものです。

私は、今注目している「未来産業」の特徴を「ＳＯＲＫ」（ソーク）と名付けています。Ｓ＝Safety（セーフティ、安全性）、Ｏ＝Originality（オリジナリティ、独創性）、Ｒ＝Recycle（リサイクル、再利用）、Ｋ＝Knowledge（ナレッジ、先端知識）の四文字の頭文字を取って名付けました。

安全性、独創性、再利用、先端知識に関連するビジネスは、今世紀に大きく伸びる産業分野だと予測しています。

まず食糧生産の「安全性」の道を開く、「独創」的な技術にスポットを当て、近未来に起こることが予見される「農業変革」のビジョンを見ていきたいと思います。

知られざる「食糧安保」問題

食糧についての安全性と言えば、環境汚染や農薬などを連想する方が多いと思いますが、ここでは急速に深刻化しつつある食糧生産における安全性、すなわち「食糧安全保障」について見ていきましょう。

実は、あまり知られていませんが、六〇年代初めに八〇％近くあった日本の穀物自給率は、現在三〇%を切ってしまいました。全世界的にも農地の工業用地化が進み、ここ一〇数年、世界の耕作面積は減少し続けています。一方、世界人口は増加の一途をたどり、世界の人口一人当たりの穀物の生産面積は、ここ五〇年でなんと約半分になりました。

さらに、八〇年代後半から地球の気候も、一万年に一回といわれる激変期に入り、干ばつや多発する洪水が世界中を襲い、作物に大きな被害を与えています。

このように、さまざまな要因が重なり、現在の世界の穀物在庫率は、三〇年ぶりの低水準となり、食糧安保上、極めて危険な状態に陥っています。

危機こそチャンス。農業を変える「植物工場」

そのような危機的な状況ですが、実はこれが、農業に関する先端技術の開発に、追い風となる可能性が高いのです。「農業変革の時代」の到来が予見されているのです。

農業のあり方を変えるような新技術が、すでにその姿を見せ始めました。「植物工場システム」が、その一つです。

マヨネーズでおなじみのキユーピーは、植物工場「TSファーム」を開発。三角形のパネルに作物の苗を植えつけ、生育に従ってパネルが工場出口に押し出される仕組みで、毎日の安定した出荷を可能にしました。工場内のシステムですから、気候変動に左右されることもありません。

また、大阪のプラスチック成形メーカーの協和が開発した水気耕栽培「ハイポニカ農法」も有力な技術です。土も農薬も一切使わず、溶液を絶えず循環させることで、一本の苗木から何と一万個以上のトマトを実らせ、かつて「科学万博つくば85」でも目玉の一つとなりました。現在では実用化も進み、二〇〇〇軒以上の農家に実用設備が導入されています。

研究開発が進んでいる光技術や成長促進剤

従来は、こうした植物工場では、人工光の電気代が高くつき、作物の価格が普通の露地栽培よりも二~三割ほど高くなってしまう問題がありました。ところが、光関連の世界的メーカーである浜松ホトニクスが半導体レーザーを使って、米の「五毛作」を可能にし、電気代も一〇分の一に削減することに成功しました。

この光技術と、「TSファーム」や「ハイポニカ農法」などの技術を組み合わせれば、コスト面でも、露地栽培に十分対抗できる植物工場システムが確立されることは間違いありません。

一方で、肥料を使わず植物の成長を飛躍的に促進させる夢のような研究も、九〇年代に入り本格化してきました。植物が発している「アレロパシー物質」（注）と呼ばれる天然の化学物質を利用する研究です。

葉ネギを使った実験栽培で、収穫までの期間を二〇％短縮し、収穫量を三割増やすことに成功した研究成果も出てきました。植物工場の生産力を飛躍的に高める技術として、実用化が期待されています。

（注）ある種の植物が大気中や土壌中に出す、他の植物の生育を促進または抑制する化学物質。

食糧安保の要請で「農業」は先端産業に

このように、植物工場に関するさまざまな新技術が芽吹き始めてきましたが、この動きは、今後、食糧安保の要請も受けて、急速に発展することが予想されます。

やがて、独創性を発揮した農業の技術革新が、農地の縮小や異常気象といった問題を完全に吹き飛ばし、食糧安保の問題を根本的に解決する日が来るでしょう。

実際、近代的な高層ビルの中で、すでに植物の「生産」が始まっています。東京・大手町のオフィス街では、二〇〇五年二月に植物工場「ＰＡＳＯＮＡ　Ｏ２」がオープンしています。地下二階のため、太陽光は一切届かず、代わりにＬＥＤ（発光ダイオード）や蛍光灯の光によって、レタスやサラダ菜、京野菜など約三〇種類の野菜や花類、一〇〇種類のハーブが栽培されています。

鉄鋼メーカーのグループ会社「ＪＦＥライフ」が二〇〇四年に完成した植物工場では、レタスの仲間であるフリルアイスやグリーンローズ、水菜、ルッコラなどを生産していますが、年間の収穫量は約一六〇万株で、実に二八毛作を実現しています。通常の露地栽培では、レタスなら一年で三毛作が限度ですから、驚異的な数字です。

農業ビジネスは、このようにハイテク産業へと、その姿を変えつつあるのです。「農業」そのものの定義が覆される日も、そう遠くはありません。

企業家精神が招く日本農業の地殻変動

農産物流通の制度疲労

次は同じ農業でも、「流通」部分に起きているイノベーションの話です。

日本は物価が高いと言われますが、特に農産物の小売価格は、欧米と比較して三割以上高い状況です。大きな原因は、農協を中心にした流通システムにあります。

農産物は、一般に農家から消費者まで、実に複雑な農協経由の流通ルートを通ることになっています。「生産者→地元農協→都道府県経済連→全農→市場（一次卸、二次卸）→小売店→消費者」という六段階もの流通経路を経由しています。

その結果、各段階でのコストがかさんで、小売価格が高くなってしまうのです。製造業に例えれば、農家は営業部門を持たない個人経営のメーカーであり、流通に関しては農協という販売会社に依存してきたわけです。

そのため、日本の多くの農家は、価格をはじめ、品質や安全性などの消費者のニーズに、十分に応えてきたとは言いがたい状況が続いてきました。

農業の企業化で進む農協からの「脱藩」

しかし、九三年の農業生産法人制度の規制緩和をきっかけとして、従来の農業のあり方を突き崩そうという動きが起きました。事業範囲を拡大したり、農業者以外からの出資も認めるなど、農業生産法人の要件が緩和されたのです。その結果、個人経営を脱して、「農業生産法人」として農業を経営する事業者が増加したのです。

複数の農家が出資し合い、有限会社などを設立するケースが最も多く、経営の大規模化や合理化、財務基盤の強化、マーケティングによる消費者ニーズへの対応など、会社経営のノウハウが農業にも導入されてきました。

現在、七〇〇〇社を超える農業生産法人がありますが、その中には、流通コスト削減のため、農協に頼らず、外食産業や食品メーカーへの独自の直販ルートを開拓する法人も急増しています。いわば、農協からの「脱藩」が始まっているのです。

「黒船」到来。米国メジャーが流通に参入

さらに最近では、日本の農産物の流通に、米国の生鮮メジャー（生鮮青果の大手企業）が参入する動きも活発化してきました。

世界最大の生鮮メジャーである米国のドール・フード・カンパニーの日本法人は、九七年春から、日本の生鮮青果の価格破壊で大きなビジネスを生み出そうと「契約農家制度」を導入しました。日本の契約農家から、農産物を事前に決めた価格で全量買い取り、独自の流通ルートに乗せて、同社のブランドで大量販売する制度です。

農家としては豊作などによる価格の下落といったリスクを回避できるメリットがあるため、契約農家はどんどん増えていきました。

既存の流通の中心的存在であった農協組織にとっては、まさに身内（農家）の「造反」と米国からの「黒船」の到来と見えることでしょう。

この他、チキータやデルモンテなどの生鮮メジャーや、日本の大手商社なども、流通への参入を進めています。

農業という最も保守的な産業にも競争原理が導入されつつあるのです。こうした「黒船

到来」と、先の農業生産法人の「脱藩」という二大核弾頭によって、従来の農業の構図が決定的に変化しつつあります。結果として、日本の農業は、産業としての未来の姿を大きく変えることになるはずです。

今まさに「農に起業あり」。企業家精神あふれる多くのイノベーターの出現が予想されます。

飛躍する中堅・中小企業の成功法則とは？

困難な時代に打つべき次の一手とは

九七年秋に上場企業の金融機関や建設会社の大型倒産が続いた時、世の中は「不況」「不況」の大合唱となりました。

確かに、経済の血液とも言える金融は、土地に対する過剰な融資が仇となって苦境に立たされました。土地神話の崩壊は、不動産会社や建設会社の経営にも打撃を与え、日本経済そのものが沈没するかのような論調も出ました。

しかし、日本経済は金融と不動産関連だけではありません。悪いところを見て全体を悲観するのは、一面的な見方です。現に、製造業には堅調な企業が数多くありました。

時代を振り返れば戦後の不況期にも、松下電器やソニー（当時は東京通信工業）、本田技研など、当時の「ベンチャー企業」が、逆境を跳ね返して急成長していました。同様に、現在の長引く不況の中でも、製造業には快進撃を繰り広げている中堅・中小企業があるのです。こうした成長企業の成功例の中に、困難な時代に企業が打つべき「次の一手」を探ってみたいと思います。

超薄型・超小型で世界企業へ躍進

不況期でも伸びている中堅・中小のメーカーに多く見られる特徴は、世界に一つしかない「オリジナル技術」で躍進している点です。

例えば神奈川県大和市に、ノート型パソコンの冷却に用いられる超薄型ファンモーターや、携帯電話のバイブレーション機能に必要な超小型振動モーターを主力製品として急成長しているシコー技研というベンチャー企業があります。

コンピュータ関連のインテルや携帯電話のモトローラなど、米国のトップ企業も、この会社の製品を採用し、世界企業としてシェアを伸ばしています。

「世の中にないモノを作れ」が口癖の社長のもと、一貫して「軽薄短小」の徹底を目指してきました。従業員五〇人ほどながら、約六〇〇件もの特許を持つという驚くべき技術開発力です。

開発陣にはフレックスタイム制が導入され、柔軟な発想を生むための自由裁量が与えられる代わりに、徹底した自己管理が要求されています。二〇〇四年一二月期の経常利益は昨年の四倍。「無担保でもいいから借りてくれ」と銀行が足しげく通う程の成長ぶりです（現在は日本電産と厳しい競争を展開しています）。

消える素材で鋳型を作る新技術

東京都品川区には、社員わずか一〇人ながら、卓越した発想力で、独自開発製品を一〇件以上開発している新興セルビックという精密金型メーカーがあります。特許も一〇〇件以上持っています。

九七年一〇月には、自動車部品などの量産に不可欠な鋳型の新しい製造法を発明。従来、金属や木材で作っていた型取りのための「原形」を、何とドライアイスで作ることで、加工時間とコストの大幅な短縮に成功しました。二〇〇四年は従来の二〇分の一の大きさというデスクトップ型のプラスチック射出成型機を開発しました。

この会社のユニークな発想の源泉は、社長が自ら構築した異業種交流会にあります。さまざまな業種の技術者や大学教授、起業家たちがアイデアを出し合って新しい技術を開発しているのです。

強みを伸ばしたイノベーション

日本の大手企業の下請け工場が集まる東京都大田区には、世界初のオリジナル技術で下請けから自立型企業への転換に成功した精密機械関連メーカーがあります。

クマクラという会社ですが、九七年末、最新の技術知識を組み合わせた超音波式超微細加工機の開発に成功し、大手の半導体メーカーや化学会社、印刷会社などから、問い合わせが殺到しました。

従来の強みであった切削加工技術をハイテク分野に応用するため、精密機械やシステム工学の研究者の協力を得て、世界初の高精度な加工を実現。これによって、熟練した「職人芸」が必要とされたマイクロデバイス（ミクロン単位の微細な機械装置）の生産が自動化され、大量生産の道が開かれました。

二〇〇五年に開発した超音波を使った「海苔切りロボット」は、毎秒四万回の「音」の振動を刃先に伝えるというもので、このやり方だと海苔に裂け目やひび割れが起きず、粉もほとんど出ないと言います。

機械部品の金属加工の下請け工場からスタートし、海苔の自動切断機の開発を経て、ハイテク企業へと飛翔したこの会社の社長は、「今日の売上は社員がつくり、明日の売上は幹部がつくり、未来の売上は社長がつくるものだ」と語っています。

未来へのビジョンが成功を牽引する

三つの事例を紹介しましたが、もちろんこれだけではありません。不況の闇の中でも、目を凝らせば、キラリと光る中堅・中小企業は結構あるのです。こうした企業の中から未来のトップ企業が出てくるのかもしれません。

オリジナル技術で躍進するこれらの成長企業を見ていると、いくつかの成功法則が見えてきます。

ひとつは、独創的な技術開発を可能にするために、異業種交流会の利用や専門知識を持つ社外ブレーンの活用など、「発想」を生むための環境を積極的に整えていることです。

そして、「未来の売上は社長がつくる」という先の言葉に表れているように、トップのビジョン（未来像）やリーダーシップが、技術開発を牽引しているという法則もありそうです。

従来の技術の「常識」を崩して、「不可能」を「可能」にするためには、打ち破るべき対象が明確化され、目指すべき未来像がはっきりしていることが必要です。未来のビジョンに向けて、知恵を結集し、考え続ける中にオリジナル技術が生まれてくるのです。

自社の強みと未来のニーズを結びつけ、現状と未来像とのギャップを独創的なイノベーションによって埋めていく——。不況に苦しむ多くの日本企業に、勇気を与えてくれる成功法則と言えるのではないでしょうか。

リサイクルという巨大マーケットが浮上した

「静脈経済」に潜む巨大市場

リサイクル産業について考える時、「静脈経済」という言葉が参考になります。人体において、栄養素や酸素を供給する「動脈」と、老廃物を回収する「静脈」に喩えて、次々と生産されるモノを消費者が購入する経済行為を「動脈経済」と呼び、ゴミの回収や処理、再利用などの行為を「静脈経済」と呼ぶわけです。

動脈と静脈による「循環」があって初めて人間が生きていけるように、地球環境問題が言われる昨今、経済においても「大量生産・大量消費型社会」から「資源循環型社会」を目指すべきとの声が高まってきました。二一世紀に入って私たちは、今まで軽視してきた「静脈経済」のあり方を見直す必要に迫られているのです。

現在、企業や家庭が排出するゴミの総量は年間約四億五〇〇〇トン（うち産業廃棄物が約四億トン）。処理コストは実に約一九兆円（うち産業廃棄物が約一六兆円）と、何と国家予算の約四分の一に相当する処理コストが必要とされています。

「静脈経済」にかかるこの莫大なコストは、ゴミを処分するためだけに使われており、再び経済価値を生み出すことはありませんが、もし、このゴミの中からリサイクル可能なモノを再び商品として世に送り出すことができれば、そこに巨大マーケットが現れる可能性があると言えましょう。

産業構造審議会（経済産業相の諮問機関）は、廃棄物処理とリサイクル関連分野の市場規模は、二一兆円に膨らむと推計しています。実は、現在こうした未来産業の姿が少しずつ見え始めてきました。

ゴミ再生に挑戦する企業群

従来、多くの企業は「採算が合わない」とリサイクル事業に及び腰でしたが、ここ数年、新たな技術やアイデアによってゴミを「宝の山」にする企業も出てきています。

クリスタルクレイというベンチャー企業は、廃ガラスを主原料にタイルを作る技術を開発し急成長しています。自動車や家電製品を中心とした廃ガラスの処理は各国が頭を悩ませている問題であり、この新技術は世界中から注目を集めています。

また、ペットボトルの再生樹脂から、自動車用シートなどのクッション材を開発したアイン・エンジニアリングという企業もあります。リサイクルが難しかったウレタンの代替素材として国内外から注目され、社員一八名ながら年商五〇億円と大健闘。大手自動車メーカーのホンダと対等に技術交流契約を結ぶほどの強さを発揮しています。

その他、余剰在庫となっている古紙を利用し、合板の代わりに建築用の型枠材料として再利用する技術を開発した企業や、特殊な凝固材を用いてヘドロをセメントのように固めて、コンクリートの代わりとして活用する技術を開発した企業もあります。

さらに、企業の枠を超えて生ゴミを再資源化する動きも出てきました。外食産業やスーパー、コンビニなどが、農業生産法人と提携してリサイクルシステムを構築。店舗から出る生ゴミを、農業生産法人が有機肥料や腐葉土として再利用し、生産した有機農産物を再び外食産業やスーパー、コンビニに納入するという、まさに循環型のシステムを全国規模で展開し始めています。

ニューセカンドハンドの時代

リサイクルの対象はゴミだけではありません。バザーなどで扱われる中古品も、アイデア次第で立派な宝物になります。こうした中古品を扱う新しい産業も芽生え始めました。

古本は代表的な中古品のひとつでしょう。従来古本屋と言えば、狭い店内に雑然と古本が積み重なった暗いイメージがつきまとっていましたが、こうした「常識」を覆したのがブックオフで、創業わずか一五年で全国に一〇〇〇店もの店舗展開に成功し、アメリカにまで進出して不況の中で急成長しました。持ち込まれた古本の汚れはヤスリや洗剤できれいに落とし、大書店を思わせる明るい店内に整然と陳列したことが成功の秘訣です。

また、リース期間が終わった中古パソコンを新品同様に修理・販売し、売上高を急増させている企業。改装、廃業した外食産業などの中古厨房機器を廉価で販売し、急成長している企業なども現れています。

中古品を新品同様に仕上げるこれらベンチャー企業によって、消費者の「潜在需要」が呼び覚まされ、中古品市場が浮上し始めました。消費者の新製品信仰は弱まり、中古品に付加価値をつけて販売する「ニューセカンドハンドの時代」が訪れつつあるようです。

「資源循環型社会」への転換が言われる昨今、まだその姿を見せ始めたばかりの巨大マーケットに、新たな未来産業が育つことで、さらなる経済繁栄の道が切り開かれる——。その可能性が大いに期待されます。

技術革新がもたらす新ビジネスで環境問題も発展的解決へ！

環境規制が生み出す新たな産業

温暖化問題や環境ホルモンの問題など、環境問題への意識が高まってきましたが、特に最近では、環境省などの調査によって、ダイオキシンの汚染が拡大していることが明らかになっています。

ダイオキシンは、塩化ビニルなど塩素を含むプラスチック類を燃やした時に発生する猛毒物質で、がんや奇形などを引き起こす危険性が高いとされています。

そこで大気汚染防止法や廃棄物処理法が施行されるなど、年々国の規制が厳しくなってきました。こうした流れを受けて、環境保護のための投資が新しい市場を生み出し、専門技術を持つ企業に、ビジネスチャンスが到来しつつあります。

ダイオキシンを出さない技術が続々と誕生

ごみ焼却炉で発生するダイオキシンを排出前に処理する技術として注目されているのが、金属の酸化物を利用した「触媒」です。

ごみを燃やした排ガスを、格子状に配置した触媒に通して、分解・無毒化するという仕組みで、排ガス中のダイオキシンの九九％以上を分解する装置を開発した企業も出てきました。

また、「超臨界」と呼ばれる「水」の特殊な状態を利用して、ダイオキシンを分解する研究も進んでいます。

通常セ氏一〇〇度で沸騰して液体から気体（水蒸気）に変わる水ですが、セ氏三七四度以上、圧力二二〇気圧以上という高温・高圧下では、液体並みの大きな密度と気体に近い運動エネルギーを持つ「超臨界」という特殊な状態になります。

この状態の水は、ダイオキシンなどの有機物を分解する力を持つため、ダイオキシンを含んだ灰や煙などを水と一緒に反応装置に入れて、高温・高圧の状態を作ることで、分解することができるのです。

汚染された環境を浄化する技術も

すでに空気中に排出されてしまったダイオキシンについては、前述した「光触媒」という技術で除去する方法があります。

酸化チタンに太陽光などの光を当てるだけで、表面に接触したダイオキシンなどの有機物を分解する魔法のような技術です。

この酸化チタンをビル建材や道路舗装材などに大量に用いて、街全体が浄化作用を持つ環境都市づくりをしようという計画も、大手の建設会社とタイルメーカーによって始まっています。

また、ダイオキシンに汚染されてしまった土壌を浄化するためのユニークな技術も出てきました。

木や草を腐葉土に戻す「腐朽菌」というキノコの一種を用いて、ダイオキシンを分解処理しようというものです。すでに、土壌中のダイオキシンを一五日間で六〇%分解することに成功した実験結果も発表され、バイオテクノロジーを応用して分解能力を高めた新種の菌の開発も活発化。実用化へ向けた技術開発が着々と進行しています。

環境問題の解決は「昔帰り」ではなく「技術革新」で

以上見てきたように、環境保護へ向けた国の規制が強化される中で、実に多様な新技術が、実用化に向けて動き始めました。

環境問題というと、人々の危機感をいたずらに煽るセンセーショナルな報道も多く、「昔に帰れ」式に現代文明を否定し、経済発展を「悪」とするような議論も聞かれます。しかし、環境問題は、むしろ技術革新とそれによって拡大する新ビジネスにより、発展的に解決する方向で考えるべきでしょう。

環境規制が厳しい欧米では、すでに環境関連の新しい市場が育っています。日本においても、環境の安全を守る新産業が、二一世紀の未来産業の一角として、発展していくことは間違いないと考えられます。

新興ばかりがベンチャーではない！企業家精神で蘇る老舗企業

高級帽子の老舗がサインペンのペン先で世界企業へ躍進

不況の中で発展に向けて頑張ったのは何もベンチャーだけではありません。老舗企業も、ベンチャー精神を発揮したところが数多くありました。

ベンチャー企業と言えば、創業したばかりの企業と思われがちですが、本来は、「リスクを冒して新たなビジネスに挑戦する」企業のことです。従って、老舗ベンチャーがあってもよいわけです。

静岡県浜松市のテイボーは、サインペンのペン先で国内市場の七〇％のシェアを獲得している企業です。創業は一八九六年。もともとは、高級帽子の老舗企業でした。

洋服とともに日本で定着した帽子文化の下で安定していた同社でしたが、戦後は需要が低迷し、一九六〇年代には経営危機に陥ってしまいました。そこで、帽子の材料であるフェルトを加工したサインペンのペン先事業に進出したのです。

その後、「本業」である帽子事業と並行して、ペン先事業を拡大していった同社でしたが、「帽子事業に将来性はない」との社長の判断により、ついに八五年、帽子事業から完全撤退。ペン先事業に特化して、売上高の一割強を開発費に投じる積極的な戦略に転じました。

さらに、八九年には、米国のライバル企業を買収。大市場である米国での生産拠点を確保して、世界企業へと躍進しています。

最近は、ペン先の加工と研磨の技術を生かして、光ファイバーのコネクター部品などのハイテク分野にも進出し、すでに新たな事業への布石も打ち始めました。

モーター事業で限界突破した絹紡績の老舗

長野県丸子町には、精密モーターなどの精密機器の製作を手がけるシナノケンシというベンチャー企業がありますが、この企業も老舗からの転身です。一九一八年の創業以来、長野県の伝統産業である絹紡績を営んでいました。

同社がモーター事業に進出したのは、六二年。「企業戦略は時代とともに変わる」が持論の社長は、衰退の見えていた絹糸紡績からの決別を決め、芽生え始めたばかりのエレクトロニクスの分野に社運を賭けたのです。

最初はテープレコーダーのモーターを組み立てる下請けの仕事から始めて、技術を蓄積しながら、小型オフセット印刷機などを開発していきました。

そして、CD-ROMの駆動装置によって、同社は大きく飛躍しました。四倍速、六倍速、八倍速、一二倍速、三二倍速と世界最速機の開発に次々と成功し国内外から高い評価を獲得したのです。

ガラスを糸にして復活した綿紡績の老舗

また、日東紡績という綿紡績の老舗の大手企業（一九一八年設立）は、綿製品が化学繊維に押されて長らく業績が低迷していましたが、「できるものは何でも糸にしよう」という考え方で開発したグラスファイバー（ガラス繊維）で復活しました。

ガラスを高温で溶かして、高速で引き伸ばすオリジナル技術によって、軽量で強度の高いガラス繊維を作ることに成功。それを糸にして織った布（グラスファイバー・クロス）が、東京ドームの天井の内幕として採用されたことが転機でした。

その後は、この新しい布の優れた電気絶縁性（電気を通さない性質）が評価され、パソコンや携帯電話の配線基盤として需要が急増しました。今では、この分野のトップメーカーです。

過去に執われずに〝新生〟する勇気が企業を復活させる

その他にも、日本の産業界を見渡してみると、織機メーカーが自動車産業へ、ピアノのメーカーがエレクトロニクス産業へと、老舗がダイナミックに変身した事例は、いくつもあるのです。

これら老舗企業の共通点は、何でしょうか。それは、業績不振や経営危機という逆境を〝転機〟ととらえ、時代にマッチした事業に挑戦して、企業を再生させたことです。

ペン先メーカーとなったテイボーの社長は、「今売れているからといって安心するな。一〇年先を考えろ」と、社員を戒めているそうです。千変万化するビジネス環境の中で、「今、求められているものは何か」「将来求められるものは何か」と、アンテナを立てて需要を発見することの大切さを示しています。

また、帽子からペン先へ、絹紡績からモーター事業へと転身したこれらの事例からは、「わが社はこれを売ってきた企業である」との固定観念を白紙に戻すことの大切さも教えられます。

自社の得意分野を生かすことは非常に大切ですが、それが過去の栄光へ固執することとなっては、自ら衰退を招きかねません。一般に「企業の寿命は三〇年」と言われるように、いかなる事業も時代の流れの中での栄枯盛衰は免れないからです。

過去に執着せず、未来の事業の種を発見する——。このベンチャー精神で再生したこれら老舗企業の事例は、不況に苦しむ多くの日本企業に〝復活〟のためのヒントを与えてくれているように思います。

光技術が巨大な未来産業を創出する

光コンピュータが情報処理の常識を覆す

光ファイバーを使った情報通信など、ハイテクの「光」関連産業も、九〇年代の不況期に伸びた業界です。

一般的には、まだあまり知られていませんが、実は現在、パソコンの〝頭脳〟にあたる演算処理システムを、従来とはまったく違った仕組みに変えてしまおうという研究が、盛んに行われています。

インターネット社会の本格化に伴い、パソコンの情報処理速度の向上が求められていますが、電気信号（電子）で作動する従来の仕組みでは、すでに限界が迫ってきました。半導体の回線の間隔をこれ以上縮めると、電子が正常に流れなくなってしまうためです。

そこで、期待されているのが、電子に代わって「光」で情報を処理する光コンピュータです。この分野では、日本企業の新しい研究成果が相次いで報告されています。

光学ガラス分野のある大手企業は、酸化チタンに金の超微粒子を蒸着させた素材で、光コンピュータの実用化にめどをつけました。情報処理速度は、なんと従来の「電子」コンピュータの一〇〇～一〇〇〇倍になります。

また、ある自動車照明のメーカーは、微生物を利用した「バイオチップ」の開発に成功。光を瞬時に電気信号に変換する「光合成微生物」がつくる特殊なタンパク質を使った回路で、こちらも、従来の一〇〇〇倍の速度で、情報処理が可能になります。

CDの記憶容量を格段に高める光技術

コンピュータの外部記憶装置として、すでに実用化されているコンパクト・ディスク（CD）などの記憶容量を格段に高める光技術の開発も進んでいます。

現在、CDなど外部記憶装置の情報の読み出し・書き込みには、波長が長く長時間発光が可能な「赤色」の半導体レーザー光が使われていますが、青色LEDの開発で有名な徳島県の日亜化学というベンチャー企業は、世界に先駆けて、波長の短い（ゆえに細かく書き込める）「青色」のレーザー光の実用化に成功。これによって、ＣＤの記憶容量を七倍に高めました。

また、大学や公的研究機関では、物質の表面に薄くまとわりつく特殊な光を利用した「近接場光学」という最先端技術の研究実験も進んでいます。これが実用化すれば、ＣＤの記憶容量は、一〇〇倍になるそうです。

「光」関連の新技術が巨大市場を浮上させる

このように、急速に進む光関連の技術革新は、「光」が「電子」に代わって科学技術を支える日がかなり近づいていることを思わせます。

こうしたハイテクの光関連市場は、近年急速に拡大しており、二〇〇三年の市場規模は七兆三八八三億円。これは八〇年のなんと約八〇倍の規模です。さらに二〇〇五年には九兆二七九四億円の市場へと成長することが予測されています。

すでに、異分野からの参入や、ベンチャー企業の活躍も活発化してきました。コンピュータ関連市場の本格的な地殻変動が始まれば、「光」対応の新しいソフトやハードの開発競争が活発化し、現在の業界勢力図が大きく変わることも予想されます。

このように、未来の巨大市場の芽は、現在ただ今の中にあります。不況にあえぎ、悲観論一色だった日本経済ですが、その中で、アンテナを研ぎ澄ませて、経済社会のトレンドを読み、新たなビジネスチャンスに挑戦していく企業が、今世紀の発展を手にするのではないでしょうか。

不況でも成長し続ける商売の決め手

主婦の心をつかむためパート社員を活用

不況と言えば、小売業もかなり苦しい一〇年を過ごしました。

ヤオハン、そごうと次々と経営破綻し、ダイエーも倒れました。

しかし、こうした厳しい環境の中でも、着実に成長している企業やビジネスがあります。

これらの企業に共通する「決め手」は、消費者の「ニーズ」をがっちりつかんでいること。

今回は小売業界の成功事例を見ていきましょう。

埼玉県の中堅の食品スーパー、ヤオコーは、一四年連続増収増益を続ける大健闘ぶりで、ヤオハンが破綻した九七年に東証一部上場を果たしています。

成功の要因は、同社の社長の徹底した「現場重視」の経営戦略にあります。この社長は、家業のヤオコーに入社する前に、大手食品スーパーで、住み込みの修業に励み、スーパーのイロハを体で覚えたそうです。

現在も、店舗回りの時に、「もっと切れる包丁を使わないと、刺し身の鮮度が落ちる」などと、現場経験に裏打ちされた具体的な指示を出して、社員を驚かせています。

こうした「現場重視」の考え方は、パート社員の大胆な活用にもあらわれています。社長は「普段買い物をしている主婦は、ニーズを一番良く分かっている」とパートの力を評価。パートに、担当する商品の発注や売り場づくりを任せたり、店頭にパートの自慢料理を並べて、「メニュー提案型」の販売法を取り入れたりと、パートの能力を引き出すことで、主婦のニーズをキャッチしているのです。

M&Aと人材スカウトで躍進

躍進するスーパーはまだあります。東京西部を地盤とする東証一部上場企業の食品スーパー、エコスは、業績不振に陥った中小スーパーとのM&A（企業の合併・買収）によって、急成長を続けています。

「競争が激しい時代はチャンスも大きい」と、同社の社長は、消費不況に苦しむ中小スーパーの経営者から次々と経営権を取得。「売れるスーパー」へと再生させているのです。

その秘訣は、同業他社から、生鮮部門出身の優秀な幹部をスカウトしてくる人事戦略です。衣料や薬などと違い、在庫をストックできない生鮮品は「仕入れを間違えば、すぐにロスになる」（同社社長）ため、仕入れの際には、消費者のニーズを正確に見抜く能力が求められるのです。

実際、優秀な人材の確保により、消費者ニーズに確実に応えてきた同社は、二〇〇五年の決算では売上がついに一〇〇〇億を突破しています。

逆境下でも自ら考え行動せよ

消費不況下、確かに小売業には厳しい時代ですが、以上見てきたように、知恵を発揮して消費者のニーズをつかんだビジネスは確実に成長しています。

「不況だ、不況だ」「何をやってもダメだ」と嘆く前に、「需要（ニーズ）があるところに仕事が始まる」というビジネスの原点に立ち返り、自らニーズをつかまえ、または創り出すことに、知恵を振り絞るべきでしょう。

経済環境の好転をひたすら待つよりも、「自分にできることは何か」を考え、行動することの方が、はるかに建設的で幸福感のともなう経営マインドではないでしょうか。

第五章

繁栄の世紀、勝者の条件

大競争時代を勝ち抜くには自己変革が必要

肩書の時代から実力の時代へ

二〇〇六年以降の日本経済の動向と、日本の強さを示す新しい技術の紹介をしてきました。日本の未来は決して暗くないということに、ある程度、御納得いただけたのではないでしょうか。

では、そうした時代の中で、私たち一人ひとりは、どのような考え方で、仕事をしていけばよいのでしょうか。いくら株価やＧＤＰが上がっても、自分自身の人生が上り調子にならなければ、空しいものがあります。

そこで第五章では、激動の時代において、ビジネスパーソンが成功を求めるにあたり、必要とされる考え方、心構えについて述べてみましょう。

少し前のことですが、ある大手の総合商社で、ちょっとした事件が起きました。

その商社では、管理職が給料に見合った実力を備えているかどうかを探るために、社外の人事コンサルティング会社に社員研修を委託し、管理職の「市場価値」を査定させたのです。

研修内容は、業務のスキルや知識、マネジメント能力をテストするという、従来の社内研修とはまったく違ったものでした。戸惑いを覚えながら参加していた管理職の社員が、衝撃を受けたのは研修の最終日でした。

年収一〇〇〇万円の社員に、「あなたの知識と実力をもとに査定した市場価値は年収五〇〇万円です」という判定が下され、自分の給料と実際に査定された市場価値とのギャップが明らかにされたからです。

市場価値とは、その人が他社に移籍した場合に提示されるであろう年俸のことです。つまり、肩書や社歴によらない、その人自身の本当の実力です。

この研修では、「自分はこれまで、大きな仕事を契約に結びつけてきた」という実績と自信が、実は会社の「看板」の力によるもので、自分自身の実力ではなかったことが明らかにされたのです。

「肩書の時代」から「実力の時代」に移ったことを、象徴するような話です。

いち早く実力主義の時代に入った証券業界

こうした実力主義の時代が、他の業種に先駆けて起きたのが、ほかならぬ私のいる証券業界です。

金融ビッグバンが起きてから、外資系金融機関の日本上陸が相次ぎ、日本の金融機関の優秀な人材が、高い年俸でどんどん引き抜かれていきました。日本企業も外資系企業のような実力主義を導入しないと、優れた人材が流出してしまうため、年功序列から脱皮していったのです。

その評価も学歴や肩書に関係なく、「会社にどれだけ利益をもたらすか」という観点で判断され、常に自分の専門知識とスキルを磨いていないと、証券マンとして生き残れない厳しい時代が到来しました。

実際に外資系企業では、大きなミスを犯せば、即刻クビになることもあります。「もう明日から来なくていい」と言われ、本当に次の日から机がなくなるのです。自分に実力をつけておかないと、いつどうなるか分からない世界なのです。

競争の激化が実力主義を加速する

戦後の日本経済は金融界の護送船団方式に代表されるように、有形無形の規制や慣習に守られながら成長してきました。

そうした業界間の垣根が、規制緩和などの流れを受けて、急速に崩れ、競争が激化しています。例えば、宅配便会社が小売（インターネット販売）に参入したり、警備会社が医療サービスに進出したりと、各社入り乱れての乱戦が繰り広げられつつあるのです。

外資系金融機関の脅威によって、日本の証券会社の改革が進んだように、異業種からの市場参入は、各企業に実力主義、能力主義への脱皮を促しています。

年齢に応じて役職や給料を決める年功序列のトコロテン方式は、すでに過去の遺物となりつつあります。

既存のシステムが根底から覆る時代

日本経済は歴史的な転換期を迎えています。明治維新や終戦直後のように、既存の社会システムが根底から覆るような時代が迫っているのです。

こうした乱世の特徴は、「個人の時代」であることです。優れた個人の活躍が、ものすごいスピードで従来の枠組みを壊し、新しい時代を拓くのです。経済学者のシュンペーターが、「企業家による創造的破壊」と呼んだ変化です。

激動の乱世においては、経済的に見れば、人間の価値は一律ではありません。企業も、こうした激しい競争の時代に勝ち残るために、優秀な人材の才能、能力をいかに引き出すかが、最大のカギになってくるのです。

以前、エイズの新薬を開発したある製薬会社の株価が急上昇するというケースがありました。実は、この会社も成果主義を導入し、能力給を徹底したことで、研究者のやる気を引き出しています。

時代認識を持って自己変革すべし

このように、企業も個人の能力を評価せざるを得ない流れにあるわけです。

厳しい時代ですが、能力さえあれば、若くても可能性の広がる時代です。半導体大手の米マイクロン・テクノロジー社のスティーブン・アップルトン氏は、三四歳でCEO(最高経営責任者)に就任しましたが、やがて日本でも、優秀な若手が大手企業の経営幹部に登用されるケースが珍しくなくなるでしょう。

欧米の企業のように、業務のスキルやマネジメント能力が査定され、「あなたは何ができますか?」と問われた時に、「うちの会社の課長ができます」では通用しません。新時代の経済社会が求める有益な人材へと、発展的に自己変革することが、今求められているのです。

現在の経済社会に起こりつつある大きな変化の流れを鳥瞰しながら、そこに生きる私たち一人ひとりが、新時代の主役として活躍するために、自分自身をいかにイノベーションしていくべきか。その自己変革の「道」を探っていきたいと思います。

価値創造の源泉は異分野の知識

技術革新は異分野がもたらす

古今東西の技術革新をつぶさに見ていくと、私たちはある重要な法則性を発見することができます。結論を先に言えば、ある産業にとって重大な転機となる技術革新は、その産業から起こってくるのではなく、異業種からの産業や、技術移転によって起こるケースが非常に多いということです。

過去の産業史の中から、最も典型的な事例を紹介しましょう。それは、一八世紀半ば以降、産業革命期にイギリスで起きた蒸気機関の活用です。

この時期に蒸気機関が綿紡績の工場や機関車の動力として利用され、世界に工業化の波が広がったことはよく知られていますが、実は、この蒸気機関が開発された目的というのは、炭鉱で石炭を掘り出す際に出る水をくみ出す動力として使うためだったのです。

発明者のジェームズ・ワットは、「産業の父」として歴史に名を遺していますが、当時ワットは自分が開発した蒸気機関を炭鉱の排水以外に考えていませんでした。

この新しい動力を当時、イギリス最大の産業となっていた綿紡績の工場に利用できると考えたのは、ワットのパートナーだったマシュー・ボールトンという人物です。彼が蒸気機関を紡績業界に売り込んだことで、炭鉱の新技術に過ぎなかった蒸気機関は、大きな経済価値を持つことになったのです。

このように、ある業種から生まれた新技術が、より大きな価値を持つという事例はいくつもあります。

戦後まもなく、アメリカの電話電信会社AT&Tのベル研究所が開発したトランジスタもその一つです。トランジスタは、元々電話交換機用に開発された技術ですが、AT&Tはそれ以上の可能性を見出すことなく、ただ同然の値段で特許を手放してしまいます。結果はご存知のとおり、トランジスタはステレオやラジオ、テレビなどに活用され、エレクトロニクス産業の躍進と、後の半導体産業の発展につながりました。

異業種からの参入が脅威となる時代

このように、異業種の技術開発が、自らの業界に大きなメリットをもたらすことは少なくありません。しかし、こうした法則を手放しに喜んでばかりもいられないのです。というのは、新技術を開発した異業種の企業が、そうした新しい武器を引っさげて自分たちの市場に参入してくることがあるのです。

記憶に新しいところでは、大型コンピュータの巨人だったＩＢＭが一時経営危機に瀕するまで追い詰められたケースがあります。「パソコンなど一部のマニアにしか使われないだろう」とタカをくくったため、アップルコンピューターやインテル、マイクロソフトなどの新勢力によるパソコン市場の急拡大に打撃を受けたのです。

先にも触れたとおり、規制緩和などの流れを受けて、現在、業界間の垣根はどんどん低くなっていますし、高い技術力を持ったベンチャー企業も次々と生まれています。従来のような、同業ライバル企業の動向のみに目を奪われていると、業界の外にいる〝意外な敵〟の衝撃をまともに食らいかねません。

現在進行形の一例を紹介しましょう。今、コンピュータ産業を支えている業界の一つに半導体産業がありますが、ここにも、ダークホースが登場しています。

それは、石川明さん（故人）という日本人企業家が設立したボール・セミコンダクターというアメリカのベンチャー企業です。この会社は、「半導体の基盤は四角いチップ」という常識を覆し、「球形」の半導体を開発しました。

四角いチップを球形に変えることで、性能を飛躍的に向上させ、さらに生産設備のコストを従来の一〇分の一にまで下げてしまったのです。この球形半導体が市場に受け入れられれば、既存の半導体メーカーに衝撃が走ることは間違いありません。

このように、これからは、異業種からの参入などによって、従来の業界そのものが、大きく揺さぶられる時代になっていくでしょう。

今、自分自身になすべき変革とは

こうした厳しい時代を勝ち抜いていくために、経済社会に生きる私たちの自己変革はいかにあるべきでしょうか。

まず、自分が今仕事をしている企業や業界の土台が、決して磐石なものではないという事実を認識し、あらゆる可能性を想定して危機に備えることです。

私たちは、とかく同業他社の動向ばかり気にする傾向がありますが、「未来の敵は外にあり」と心得て、世の中で起こっている新技術や新サービスなどに対し、広くアンテナを張り、注意を怠らない姿勢が必要でしょう。

さらには、危機に備えるばかりでなく、より積極的に「どうしたら新しい価値を生み出せるか」を考えていく姿勢が求められているのではないでしょうか。

その時に参考になるのが、まさに今見てきたように「技術革新の法則」にあると言えます。炭鉱の排水用の蒸気機関が綿紡績に利用されることで大きな価値を生み出したように、個人においても異質な知識や技術を専門の仕事に応用することで、大きな価値を生み出すことがあるのです。

卑近な例ですが、かくいう私も異質な知識を仕事に活用してきました。テクニカル・アナリストという仕事は、株価や為替の過去の推移（折れ線グラフ等）から、周期性を読み取って未来の動向を分析、予測する仕事ですが、私はそれとは別に、今回ご紹介したような企業の技術革新や経営戦略について細かい情報収集を続けてきました。

これは、本来、本職のテクニカル分析には直接関係のない知識なのですが、経済動向を複眼的に観察する上で非常に役立っています。

新時代のリーダーを目指す読者の皆様には、ぜひこうした異分野の知識や技術を持って、新たな仕事の価値を創造されることをお勧めしたいと思います。

「バンカー精神」で自分自身に投資せよ

銀行の起源に迫ると本質が見えてくる

物事の本質に迫るために、歴史的な沿革を探るという方法があります。例えば「利息」は、古代農耕社会で、春に神の倉からいただいた稲や麦の種もみを、秋の収穫の際に感謝の思いを込め、一定量を足して神にお返しした習慣に始まっています。

経済活動において、こうした「感謝」の思いが伴う利息の支払いがどれほどあるかと考えると、現在の金融は「心」を失い形骸化しているのではないかと見ることもできるわけです。

では、銀行業のこと始めについて考えてみましょう。近代的な銀行のルーツは中世ヨーロッパにまでさかのぼります。

当時のヨーロッパは日本の戦国時代のように、領主がそれぞれに自分の領地を治め、互いに攻めたり、攻められたりして戦々恐々とした時代でした。

領民は、他国の侵入から財産を守る術がなく、最も安全な場所である領主の城に自分たちの財産を預けていたのです。

やがて、こうして領民の財産を預かっていた領主の中に、賢い者が出てきました。領民から預かった貨幣を、事業を始めるために元手を必要としている領民に貸し付け、利子とともに回収することで、預かった貨幣を運用することを考え出したのです。こうして、貸した側にも借りた側にも利益が生じるという金融の原形ができました。

やがて、近代に入って中央集権国家が成立すると、銀行業務の主体は領主から民間の商業資本に代わります。銀行家は、企業家の人格や能力と、その事業の将来性を見極め、自らリスクを負って融資することで、産業の勃興と国富の創出に貢献しました。

現在でも欧米の銀行家は、資本主義社会の発展を牽引する立役者として、企業家との共存共栄を目指すことが、自らの仕事の「理念」であると自覚しています。

新産業の創出が日本経済復活の鍵

ところが、日本の銀行は、土地などの担保がなければなかなか融資をしません。すでに一定の成功を収め、資産を持っている企業家にしか投資しないわけです。これでは、資金はないが有望なアイデアや技術を持った、新たな企業家による産業の発展は難しくなってしまいます。

日本の銀行も、本来のバンカー（銀行家）精神に立ち返り、自分の持っている資金をどのように生かし、価値あるものを生み出していくかということを考えなければなりません。

ここ一〇数年間で最も雇用を伸ばした企業はヤマト運輸です。一〇数年前には一万人程度だった社員が、今や一二万人を超え、トヨタの社員数（六万四千人）を抜いています。

ヤマト運輸が宅配便を始めた頃は、「郵便局の小荷物配送すら赤字なのに絶対成功しない」と言われたニュービジネスだったのです。ヤマト運輸のケースは、ニュービジネスの成功によって大きな雇用を実現した好例です。

ところが、アイデアや技術があっても創業間もないベンチャー企業の多くは資金がないのが普通です。そこで求められるのが、バンカー精神を持った本来の投資家の登場なのです。新しい企業家を育て、新しいビジネスを資金面で支えることこそ、銀行をはじめとする投資家がなすべき社会的使命であると言えましょう。

八〇年代に低迷していたアメリカ経済が九〇年代に復活を遂げたとされる背景にも、コンピュータを核にしたインターネット関連の多くのベンチャー企業の発展がありましたが、実はこれらのベンチャー企業の活躍を支えたものこそ、アメリカの投資家の力でした。

金融機関のみならず、個人投資家も、本来のバンカー精神に則って融資や投資を行ない、企業家が思い切って事業経営するチャンスを与えたのです。

「自分」を繁栄させるバンカー精神

さて、銀行業の本質から「投資」について見てきましたが、私たちが身近な問題として、こうしたバンカー精神から学べることを提案したいと思います。

それは、自分自身がバンカーになったつもりで、自分という個人企業への投資を考えることです。

成長の可能性を秘めた企業に投資して社会の発展に貢献するのが本来のバンカーの使命であるように、個人においても、社会に役立つ有用かつ有徳な人材になっていくために、自分自身に資金を投入する、いわゆる「自己投資」を考えるべきでしょう。

まずは、「消費」としてのみ考えがちな自分のお金の使い途を、さらなる価値を生み出す「投資」として考えられないかと意識を切り替えることが大切です。

具体的には、自らの知識や教養に磨きをかけるべく、さまざまな分野の良書を読むこと、あるいは「価値ある」と思える各種セミナーや講演会などに参加することをお勧めします。

精神的な幸福感のみならず、そうして磨き上げた自分の価値は、将来、ビジネスチャンスを拡大することにも役立ち、経済的にも大きな利益をもたらすでしょう。

「自分自身に価値ある投資をしよう」という投資家の視点を持って、実り豊かな人生を送りたいものです。

顧客満足の時代が始まった。仕事に生かせ「愛の精神」

仕事とは本来仏神に仕えること

「仕事」という言葉のルーツをご存知でしょうか。「仕事」とは「事に仕える」と書きますが、この「事」とは本来、仏事、神事のことを指したと言われています。つまり、仏や神に奉仕することが「仕事」の本当の意味なのです。

これは、現代的には、仏神の心を実現するための努力と考えるべきではないでしょうか。

そうした観点から眺めてみると、自らの利益追求にのみ汲々としている現在のビジネス社会の光景は、本来の「仕事」の姿から大きく離れたものとも見えるでしょう。

自らばかりが利益を得ようというのでは、商売は成り立ちません。古くは今から四〇〇年前に活躍した京都の豪商、角倉素庵も、「お互いが利を得て初めて商売や貿易が成り立つ」「利とは道義と一体のものだ」という言葉を文献に書き残しています。

自分の利益追求に基づく個々の経済活動が、社会全体の利益に結びつくことを明らかにした一八世紀の経済学者、アダム・スミスに先立って、こうした経済倫理が日本で説かれていたわけです。

顧客満足がビジネス成功の要諦

このように顧客があって初めて成立するビジネスですが、特に先進諸国が豊かになり、生活に必要なモノやサービスが満ちている現代にあっては、消費者の「満足」を得ることは、事業成功の要諦になりつつあります。

現代のビジネスの世界では、「CS（カスタマー・サティスファクション）」、つまり「顧客満足」という言葉が、ひとつのキーワードになっていますが、まさに「自分のため」だけのビジネスでは通用しない時代になったことを象徴していると言えましょう。

こうした認識は日本に先駆けて、欧米の企業で確立しつつあります。自社の利益追求を第一に考える傾向にあった欧米の大企業は、八〇年代の低成長期に入り、業績の低迷に苦しむことになりましたが、その原因は顧客からの「不信任」だと気づいた企業が現われたのです。

その好例をかつてジャック・ウェルチ氏が率いたGE（ゼネラル・エレクトリック）社の医療機器部門に見ることができます。ウェルチ氏の指揮の下、家電メーカーではなく消費者金融などへ業態を転換し企業の立て直しに成功したGEですが、医療機器部門のGEメディカルに関しては、高度な品質管理で欠陥のない商品を製造する日本企業の攻勢に、ジリジリとシェアを落とし続けていました。

そこで、日本の医療機器メーカーに対抗するために、GEメディカルは、単なる品質改善だけでなく、顧客満足を明確に意識した商品改良を行います。つまり「顧客の不満を探し出し、それを改善できるように設計する」ことに専念したのです。

実際には、医療機器のユーザーである病院などの医療機関から徹底的にクレームを聞き取り、既存の製品に改良を加えていきました。例えばCTスキャナー（コンピュータを利用した身体の断層を撮影する装置）に関しては、使用可能回数（耐久性）に不満が集中していることが分かりました。そこで、画像診断用のエックス線光源を改良し、使用可能回数を従来製品の六〜八倍にまで増やすことに成功し、一気にシェアを拡大したのです。

トップ営業マンはここが違う

こうしたCSの考え方は、個々のビジネスマンにも求められています。特に顧客と直接対峙する営業マンには、CSのマインドを持っているかどうかが、営業実績に顕著に現われる時代になってきました。

一例を紹介しましょう。ある住宅メーカーに中途採用された営業担当者のケースです。バブル崩壊前の好景気の時に採用されたこの方は、入社後数年間はごく平均的な営業マンだったのですが、不況の深刻化に逆比例するように急激に売上を伸ばし、ここ一〇年ほどは平均的な人の三〜四倍の販売実績を上げる、業界でも有名な営業マンになりました。

好成績の秘訣は、「お客様第一主義」を貫いたことです。この方は成熟産業である住宅産業は「クレーム産業」であると考えました。一戸建て住宅を買うことは顧客にとって一生の大きな買い物であるだけに、設計通りに建築が進んでいるか、入居後に不良箇所が見つからないかなどと不安なものです。

そこでこの営業マンは、契約までに顧客の不安や要望をていねいに聞き取ることはもちろん、建築中の工事現場に何度も足を運び、現場の職人さんに差し入れをして進捗状況を聞き、電話やハガキで顧客にこまめな報告を続けていきました。また、入居後も「何かご不満やご不便はありませんか」と定期的に訪問し、小さなクレームにも誠実に対応し続けてきたのです。

こうして顧客の信頼を獲得し、その顧客が新しい顧客を紹介するというケースが急増していきました。今では、そうした紹介営業だけで、業界トップの実績をあげています。顧客のためになる情報提供やアドバイスをするだけで、トップ営業マンとして走り続けているのです。

クレームは「宝の山」である

今回紹介した二つの事例から、私たちが学ぶことのできることは、「顧客満足」こそビジネス成功の要諦であり、「クレームこそニーズの裏返しである」という事実です。消費者からのクレームを「わがまま」「無理難題」ととらえていると、最大のチャンスを捨てることになってしまいます。

クレームに誠実に対応していくことで、消費者の立場からしか分からない不満を解消し、それによって、同じように思っていたであろう数多くの顧客の不満を解消していけるのです。

要はクレームを機に自分自身をイノベーションしていくことができるか否か、それがビジネス成功の鍵と言えましょう。

「自らの仕事を通して、多くの人々の幸福を実現していこう」というＣＳマインドを持って、ビジネス社会の成功者への道を歩みたいものです。

現状維持では危機を招く
リスクを恐れず
未来に先手を打て！

同業二社の運命を分けたもの

九九年七月、佐々木硝子という東証一部上場のガラス製品の大手メーカーが、会社更生法の適用を受け、事実上倒産するという出来事がありました。

九〇年代初頭になって、アジア諸国からの安価な製品が大量に輸入されるようになり、国産ガラス食器の需要がピーク時の約六割にまで落ち込んだことが破綻の直接の引き金です。

また、ペットボトルなどプラスチック製品の需要が伸び、ガラス製品の市場そのものが縮小していることもあって、業界は不況に苦しんでいます。

しかし、実はそうしたガラス製品業界にあって、他社に圧倒的な差をつけて成長している企業もあるのです。ＨＯＹＡは、長年メガネやコップ等のガラス製品を手がけてきましたが、これらはすでに市場が成熟しており、業界内でのシェアアップに成功しても、その発展には限界があると判断。そこで情報通信機器や医療機器に用いるエレクトロニクス用のガラス製品の研究開発を進め、高収益企業へと脱皮したのです。

かつて、ほぼ同じ事業内容だった両社の明暗を分けた鍵は、イノベーションだったわけです。いまだ業界が潤っていた八〇年代に、現状に甘んじたか、新たな変革を自らに課したかの違いが、結果として現われたのです。

ほかにも、先述したフェルトペンのペン先で世界的なシェアを持つ企業に脱皮した帽子メーカーや、パソコン用モーターで世界屈指の企業へと転換した絹紡績の会社など、「第二の創業」とも言える大きな変革を成し遂げ、発展している企業は少なくありません。

もちろん、長年手がけてきた事業を捨てて、新たなチャレンジを行うことには、危険が伴います。しかし、経済環境が大きく変化する時に、リスクを恐れてイノベーションを怠ることは、実は企業の存亡に関わるような、より大きなリスクを負うことを意味する場合も多いのです。

見えにくい将来の危機

実際、九〇年代後半には、金融や建設、不動産などの大手企業が相次いで破綻しましたが、その原因として共通しているのは、まさに変革のリスクを恐れて、より危機的な事態を招いてしまったことにあります。

すでに経済社会が「乱世」と呼ぶにふさわしい激動期を迎えているなかで、変化する環境に対応すべく、業務内容の見直しや企業体質の改革に取り組んでいくことが求められているわけです。

この時に大切な態度は、先のガラスメーカーが、ガラス製品の市場が悪化する前から、エレクトロニクス分野の研究開発を進めたように、事態が深刻化する前に先手を打つことです。

しかし、長年、右肩上がりの経済環境の中で経営を行ってきた日本企業には、将来の危機を敏感に察知し、行動を起こす精神に欠けるきらいがあります。何も手を打たない危険よりも、新しいチャレンジを行うリスクの方を大きく見てしまう体質があるのです。

変化をチャンスとする自己変革

このように、いまだ具体的になっていない将来のリスクに対して、先手を打つことは意外に難しいものです。人間は、とかく変化を嫌い、現状に安住しがちであるからです。

現代社会に生きる私たち一人ひとりも、そのことを十分意識すべきでしょう。将来に向けた自己変革を怠ると、いま現在は何とかなっても、五年後、一〇年後に厳しい逆境に見舞われることになりかねないからです。

例えば、明治の文明開化によって人々のライフスタイルが大きく変わり、人々の服装が和服から洋服へと変わっていった時、和服を売っていた人々は次第に仕事を失っていきました。同時代に洋服屋に転業した人は、ほとんどいなかったのです。

今振り返れば、布地を扱い、裁縫の技術も持っているのですから、転業への自己変革がなされて当然だとも思えるのですが、ほとんどの呉服屋は、時代が変わったことを嘆き、愚痴を言いながらも和服を売って商いを続けようとしました。このように、変化の真っ只中では、現状に安閑とすることのリスクを読み切るのは、意外に難しいのです。

経済社会の高度情報化、グローバル化が急速に進む現在もまた、後世から見れば明治時代のような時代の変革期です。意識して自己変革を行わなければ、他ならぬ自分自身が、衰退していった呉服屋と同じ運命をたどりかねません。

時代の変化を先取りして、新しい自分づくりを始めることが大切です。最新の専門知識や技術の習得に努力し、世の中の動きを敏感に察知するためのアンテナを磨いておくことが必要でしょう。

将来の変化に備えて、自分自身に磨きをかけて行く時、変化は危機ではなく、飛躍へのチャンスとなるはずです。

強みを生かせ！　元気な小売業に学ぶ成功法則

独自の商品開発力で危機から躍進へ

今、最も競争が激しいと言われる小売業の例を紹介しましょう。

例えば、しょう油やケチャップなど調味料や菓子、飲料などの加工食品を販売するシートゥーネットワーク社は、独自の商品展開で急成長を遂げ、注目されています。

もともと加工食品の卸問屋だった同社は、利益率の低い卸売りの将来性に限界を感じた二代目の現社長の決断により、九四年に小売業に進出。卸問屋として培ってきた加工食品を見る目と、その調達力を生かして、地方の中小メーカーが製造する加工食品や、一般の消費者にはなじみのない外食産業向けの業務用商品を、独自の仕入れ網で発掘、首都圏の店舗で小売りするアイデア商法を開発したのです。

知名度は低くても品質は確かな商品を、有名ブランドの商品より二割程度安く販売するこの手法が、首都圏消費者のニーズをとらえ、今では売上に占める小売り部門の比率が六割を超えるまでになっています。

消費者にも、地方のメーカーにも、そして両者を結ぶ役割を果たす同社にとってもメリットのある一石三鳥とも言うべき構図です。

現在、躍進を続ける同社ですが、実は、八〇年代のバブル期には、「食品以外の分野も開拓したい」と進出した美術品販売やモータースポーツなどの新事業がことごとく失敗、経営危機に陥った苦い経験も持っています。

復活を期した同社は、九〇年代に入ってから、自らの強みである食品分野に特化しました。さらに社長自ら一年半かけて全国のスーパーマーケット一五〇店を視察し、どこも同じ商品ばかりで特徴がないことを見て、小売り進出に勝機ありと判断。大手スーパーにはまねのできない独自の商品展開を開始したのです。

自らの「強み」を生かし、足場を固めたら、果敢に挑戦する――。それが、復活の要因と言えましょう。

ユニクロ躍進のカギは異才の登用

ユニクロも、九〇年代に低迷する大型小売店をしり目に、業績を伸ばした専門店です。全国にカジュアル衣料の専門店を展開し、九八年秋以降は、既存店の売上を二桁成長の軌道に乗せて、大躍進を遂げました。フリースの大ヒットも記憶に新しいと思います。

なぜ地方の一専門店に過ぎなかったユニクロが、全国を席巻できたのかを改めて振り返ってみましょう。同社の強みは、生産から販売まで手がける合理的なシステムにありました。商品の八割以上を賃金水準の低い中国の契約工場で大量生産し、直営の量販店で販売することで中間コストも削減、低価格を実現させたのです。

しかも安さばかりが「売り」ではなく、主力商品の一つであるオリジナルジーンズでは、デニムの生地を、高い技術力を持つ岡山県のメーカーに発注。有名ブランドの人気中古ジーンズのデザインを採り入れるなど、男性ファッション誌でも注目され、若者の心を確実にとらえました。

さらに興味深いのが、同社の人事戦略です。かつては社長の号令一下、全社が動く体制にあった同社は、売れ筋商品の追加発注ができずに、大きな機会損失の痛手を被るなど、成長の限界に直面したことがありました。

その打開策として社長が採ったのが、幹部社員を異業種から招くという人事戦略だったのです。これまで成長を牽引してきたワンマン経営的なリーダーシップの限界を、社長自らが認めた形です。

九八年一一月には二人の若手エリートを招きました。一人は、シカゴ大学のＭＢＡ（経営学修士）を持ち、大手総合商社で発電プラント事業を担当していたビジネスマン（当時三六歳）。もう一人は、東大大学院電子工学科の修士課程を修了後、米大手コンサルティング会社に勤めていた経営コンサルタント（同二九歳）です。

二人はそれぞれ、財務・経理部門と情報部門の責任者として活躍。同社長は「この経営者チームによって、経営方針が全体に行き渡る仕組みができた」と、高成長の要因を語っています。異才の登用によって組織を活性化させたことが、発展の鍵となったわけです。

やはり、カジュアル衣料の製造小売という足場の上に、さらなる改革をなして発展への道を開いた例です。

堅実かつ積極的な姿勢を

こうした専門店の例から、私たちビジネスマンが学ぶべき成功法則とは何でしょう。それは、自らの個性である「強み」を確立し、それをステップにさらなる自己変革へとチャレンジする中で、発展への道を開いていくことではないでしょうか。

営業なり経営管理なり、日々の仕事に真剣に取り組む中で、私たちは何らかの専門能力、自らの強みを磨くことができるはずです。本業をおろそかにして、あちこちに努力を分散しても、成果を得るのは難しいものです。

そして、自らの強みを社会に有用なレベルにまで高めたなら、現状に安住せず、さらなる付加価値を生むための挑戦を重ねていくことです。発展に向けて現状を打破することは確かにリスクを伴いますが、敢えて挑戦する勇気も必要です。

そうした堅実かつ積極的な姿勢こそが、未来の成功へとつながっていくのではないでしょうか。

スピード経営から考える「時間」の価値を高める創意工夫

大競争時代をどう生き抜く？

企業の経営資源といわれる「人・モノ・カネ・情報」を組み合わせて最大の付加価値を生み出すことが、企業活動の本質ですが、ここ数年、これに加えて「時間」が経営資源として重要視されるようになってきました。

背景には、情報通信機器の発達などによって、「世界市場」と呼ばれる巨大な経済活動の場が浮上してきたことがあげられます。これによって、メガ・コンペティション（大競争）の時代、つまり世界各国の企業が同じ舞台で競い合う時代に突入したのです。

各業界の技術革新の速度も上がっています。まさに生き馬の目を抜くような、戦国時代さながらの「乱世」です。そうした競争を勝ち抜くための鍵こそ、「スピード」にほかなりません。

日本電産はスピードアップで世界市場を制覇

スピードの追求によって世界市場を制した典型例を、京阪バレー（京都と大阪を結ぶ高収益企業群）を代表する企業の一つ、日本電産に見ることができます。

同社は、世界シェア七割を占めるパソコンのハードディスク駆動装置（ＨＤＤ）用モーターをはじめ、ハイテク製品用小型モーターの分野で躍進しています。この成功を支えたものこそ、時間を短縮するための努力でした。

同社の急成長を支えたのは戦略的なＭ＆Ａ（企業の合併・買収）です。一九七三年に数人のエンジニアによって設立された同社は、八四年に米国のモーター会社のファンモーター事業部門を買収。これを皮切りに、Ｍ＆Ａによる事業内容の充実を図ってきました。特に九〇年代半ばからは、大企業の系列で優秀な技術を持ちながらも経営が低迷している企業を相次いで買収。事業を拡大させてきました。

同社が傘下に収めた企業は、すでに二三社にのぼっています。同社がこれほどM&Aに力を入れてきたのは、まさに「時間」を生み出すため。同社の永守重信社長は「スピードが最も重要な時代。足りない技術や人材を自前で育てていたら間に合わない」と、その理由を語っています。永守社長は、強力なリーダーシップで、買収した赤字企業を次々と黒字転換させてきました。その再建方法もまた、スピード経営の実践です。

赤字会社に共通する特徴として、「売上計画未達の繰り返しを誰も不安に感じない」点をあげる永守社長。買収した企業からこうした空気を払拭するため、営業部門に業績を週単位で報告させ、三カ月先の売上計画の見直しを毎週行ってきました。「期限までに、目標を達成しなければならない」という意識を徹底させるためです。

また、職場環境の整理・整頓も重視。専門の監査役が、毎月二回、「引出しを開けてください」などとチェックする徹底ぶりです。これは必要な資料を探すための時間を削減するのが目的です。実際、社内の美化と業績向上の相関性は、どの企業でも見事に一致するそうです。

さらに、製造コスト削減のため、買収した企業の生産拠点を、国内から東南アジアなどに移転する戦略においてもスピードが重視されました。投資や人事などは原則、現地の判断に任せ、意思決定の速度を上げたことで、生産性の向上を実現しています。

まさに「スピード」を軸に経営努力を行うことで、同社は設立後二〇数年で世界企業へと躍進したのです。

時間の短縮が企業経営のカギ

その他にも、経済社会を見わたすと、時間を短縮して発展している企業を数多く見つけることができます。

米国の大手情報機器メーカー、ヒューレット・パッカードは、「損益分岐点」ならぬ「損益分岐時間」という考え方を確立しました。これは商品の製造・発売のタイミングをどの時点に置けば利益が最大化するかを事業部ごとにシミュレーションして、目標の「時間」を設定し、それまでに商品開発、生産を軌道に乗せる努力をするという手法です。

日本には「商品開発は時間を管理されてできるものではない」という考え方も根強くあり、同社の日本法人がこの手法を導入した時も、社内で強い反発があったそうです。が、商品発売のタイミングを逃したケースもあり、その反省からこの手法が定着、商品開発力を高めてきました。

また、千葉県のGIショップという自動車販売会社は、ショールームに車を展示する従来の販売店のスタイルを捨て、国産全メーカーの全車種のカタログを置く独自の販売方法を取り、消費者の心をつかみました。

メーカーごとに販売店を回らなくても、一度にすべての車種を比べられる便利さに加え、低価格も同社の魅力となっています。

普通、メーカー系列の販売店では、メーカーの販売促進費に依存している分、思い切った値下げをすることができません。しかし、メーカー系列でない同社は、最初からギリギリまで売り値を引くことで、スピード商談を可能にしたのです。このため、購入者の七割が即断即決で購入するそうです。

個人の仕事にも「時短」を

こうした企業の成功例には、私たちが個人としても応用可能ないくつかのポイントがあります。

例えば、日本電産のM&Aの例は、自らが新たな能力や知識を獲得するだけの時間がない場合に、協力者の力を借りる方法があることを教えてくれます。自分で一から勉強すれば何十日以上もかかることが、その分野に詳しい人に教えてもらえば、短時間で「核心」を把握することができるのです。もちろん、いただくばかりにならないよう、自らもまた人々に教えることができる有用な知識・情報を持ち、互いに与え合えるような関係を築くことが必要です。

また、「損益分岐時間」や「顧客満足のための時短」からは、「スピード」を自分の都合で考えるのではなく、取引先や上司に合わせて考えることの大切さに気づかされます。とかく人間は自分を中心に「天動説」的にものを考え、判断しがちですが、相手や周囲を優先させ、意識して「地動説」的に考える必要があります。それが仕事における「愛」の精神、「奉仕」の心であり、成功の鍵であるといえましょう。

「時間」という観点から、自分自身の仕事を振り返って見ると、さまざまな気づきがあるはずです。

「スピード」の観点から自分自身の仕事を振り返れ！

セブンイレブンはデータの山から「宝掘り」

コンピュータを使った「データマイニング」という「宝掘り」の技術が注目されています。これは、企業が持つ大量のデータから、経営戦略上、価値ある法則を見つけ出す解析技術です。マイニングとは「採鉱」を意味する鉱山用語で、まさに大量の情報から宝物を掘り出すような技術と言えます。

アメリカでは、ある大手小売りチェーンが、顧客の購入商品のデータを解析し、「紙おむつを買う客の多くは缶ビールも買う」などの法則を発見。同社が紙おむつの棚の横に缶ビールを置くなど、商品陳列戦略を見直し、売上を大きく伸ばしたことで、この技術は広く知られるようになりました。

日本では、特にセブンイレブンがこの技術の導入に力を入れています。同社は「小売業は情報システム産業」と位置づけ、全国の店舗を訪れる一日一〇〇〇万人もの買い物客のデータを、本部で蓄積、解析しているのです。

このデータは、購入商品のみならず、買い物客の男女別、年齢別にも詳しく集計され、「二〇代の女性が昼どきに買う商品の組み合わせ」「晴れた日曜日の買い物客の特徴」など、さまざまな知識を読み出し、機動的な仕入れを可能にしました。その結果、扱っている二五〇〇品目のうち、毎週約一〇〇品目を入れ替えているそうです。

さらに最近では、この「データマイニング」の技術を、文書データの解析に応用した「テキストマイニング」という技術の開発も進んでいます。

日本IBMは、同社の顧客相談センターに寄せられた過去一〇カ月分、約四三万件の文書を解析することで、問い合わせ内容の商品別傾向性や、特定の製品に多いクレームなどを割り出すことに成功。抽出した情報を、商品の改善や新商品の開発に生かす道を開きました。

情報技術の進展によって、人間の勘や経験の限界を超えて、合理的な経営戦略を実行することが可能になったわけです。

知識の異種結合でヒットを生む3M

もう一つ、情報技術の進展がもたらした知識資源の活用例を紹介しましょう。

アメリカの化学メーカー、3M（スリーエム）は、社内に蓄積された膨大な知識・技術を有効に活用し尽くすシステムを構築し、次々と技術革新を起こしています。

年間四〜五〇〇件のペースで新製品を開発し続けている同社は、全世界に七万人もの社員を抱える巨大企業でありながら、まるでベンチャー企業のような創造力と開発スピードを維持しています。

この高い開発力を支えているものこそ、世界各地の同社技術者の研究内容や成果をデータベース化したナレッジ・システムです。例えば、ある技術者が研究開発中に自分で解決できない問題に直面した場合、世界中の技術者の中からその分野の専門家を見つけ出し、助言や協力を求めることができるというものです。

こうした技術者の交流は、技術の有機的な結合を生み、数々のヒット商品を生み出しました。一例をあげれば、最近では特殊な両面テープがあります。これは、強い粘着力にもかかわらず、きれいに剥がれ、部屋の壁にフックなどを貼り付ける時に便利なものです。「粘着力」と「剥がれやすさ」という、相反する技術を組み合わせて生まれた新製品で、二つの技術者グループの交流が、製品化を可能にしました。

また、こうした自由闊達な研究開発を可能にするため、同社には「汝アイデアを殺すなかれ」という「戒律」が設けられています。上司は部下がやりたいと思うアイデアを、明らかに失敗すると証明できない限り、止めることはできないそうです。

一〇〇年前のアイデアを精密加工で実用化

3Mの例は、異なる知識・技術の組み合わせが、新しい価値を生み出すことを示していますが、東大阪市のタカコという油圧ポンプメーカー（社員約一七〇人）は、一〇〇年前にアメリカで発明された技術知識と、現代の精密加工技術を組み合わせて、新製品の開発に成功し急成長中です。

この製品は、ディーゼルエンジン用の高圧噴射装置。これを使用することで、エンジンが排出する二酸化炭素を従来の四割にまで削減できるという優れた性質を持っています。

原理そのものは、一〇〇年前に考案された単純なものですが、当時は図面通りに加工する精密な工作技術がなかったため、「机上の空論」として退けられていました。それを、同社の社長が、旋盤、溝切りなどの専門技術者の技術を結集して、製品化に成功したのです。

この装置が排ガス規制強化の進むアメリカで認められ、現在ではフォード、GMがディーゼルエンジンに採用。年間五〇万個を売る同社の主力商品に成長しました。

知識・情報を生かす白紙の目

こうして、知識・情報を経営資源として有効活用している例を見ていくと、日々、見過ごしがちな情報や知識、技術の中に「宝の山」が眠っているという事実に気づかされます。その「宝」を発見できなければ、知識や情報は単なるガラクタに終わってしまうのです。

では、「宝」を発見するためにはどうすればいいのでしょうか。それにはまず、これまで常識とされてきたものをいったん白紙に戻し、新たな可能性を考え直してみることが大切です。

「データマイニング」も、主観を排して、客観的にデータを解析していこうという考え方に基づいていますし、「汝アイデアを殺すなかれ」という3Mの「戒律」も、管理職の先入観を排除する戒めです。先の「机上の空論」が製品化されたのも、技術の常識に縛られなかった結果と言えましょう。

個人レベルでも、私たちは知識や情報を活用しようとする場合「それはできない」「そんな情報は価値がない」などと決めつける前に、本当にそうなのか白紙の目で見直すことが重要です。

思えば、現代の生活になくてはならない宅配便やコンビニエンスストアなども、初めは「こんなビジネスが成り立つはずがない」と言われていました。「常識」とは覆せるものなのです。

知識や情報の中に隠された「宝物」をみすみす見過ごしてしまわないため、「思い込み」という思考の壁を、常に打ち破っていく努力を重ねていきたいものです。

「思い込み」という思考の壁を打ち破れ！

放っておくと仕事は増大する

「どんな組織も、放っておくと、つまらない仕事をつくり出し、自己増殖し続ける」。前世紀に活躍したイギリスの社会学者、C・N・パーキンソンが唱えた「パーキンソンの法則」と呼ばれる有名な法則です。

官僚組織に対して使われることが多い法則ですが、企業にも当てはまります。最初は少数精鋭で経営していた新興企業も、社員が増え、組織が大きくなるうちに、「会議のための会議」が当たり前になるなど、仕事が非効率になってくるのです。いわゆる大企業病です。

これまで日本の大企業の多くは、事業の見直しや人員削減を迫られました。これも、戦後五〇年間で、仕事や組織が「パーキンソンの法則」通りに膨れ上がってしまったからにほかなりません。

「捨てる」ことで復活したＴＩ

実は、日本に先駆けてアメリカでは、すでに多くの大企業が、こうした問題を乗り越えてきました。結論から言うなら、克服のポイントは「仕事を捨てる」ことにあったのです。

例えば、かつて世界最大の工作機械メーカーだったシンシナティ・ミラクロン社は、八〇年代に主力の工作機械部門の不振により、倒産寸前まで追い込まれたことがありました。その時、同社が行った決断は「工作機械から撤退する」という大胆なものでした。看板の事業を捨て、需要が強かった航空機や自動車、石油産業向けの産業用部品などに、事業分野をシフトしたのです。これが成功し、同社の売上は急増、部品メーカーとして新生しました。

また、かつて「半導体の王者」と呼ばれながら、八〇年代から長らく低迷していたテキサス・インスツルメンツ社（ＴＩ）も、主力事業から撤退することで再生しています。同社は九〇年代後半に主力だったメモリー（Ｄ－ＲＡＭ）や軍事関係をはじめ、数々の事業を売却。インターネット関連機器などに使われるデジタル信号処理用半導体（ＤＰＳ）事業に集中特化しました。そして、この分野で世界のトップシェアを獲得するに至り、復活を果たしたのです。

これら名門企業の再生は、不採算部門を捨て、利益が出ている分野に戦力を集中させることの大切さを教えてくれます。簡単なようですが、長年会社を支えてきた事業を切り捨てることは、かなりの勇気を必要とします。

総合電機メーカーや総合化学メーカー、総合商社に百貨店と、「何でもやります」式の企業の多くが現在苦しんでいるのも、成熟した不採算部門を捨てることができないからなのです。

成長分野への先行投資的な赤字ならいざ知らず、成熟した分野で赤字を出しながら製造・販売を続けることは、自分の首を絞めるようなもの。事業選択という戦略レベルで、ムダ仕事から撤退し、成長が見込める新たな分野に人員を配置転換することが大切なのです。

その仕事は本当に必要か

もちろん、もっと小さな戦術レベルでも、仕事のリストラを考えることは重要です。あるエピソードを紹介しましょう。アメリカの家電メーカーで実際にあった話で、書籍でも紹介されています（日比野省三『突破の科学』〔同朋舎〕参照）。

　この会社で製品の不良率の高さが問題になり、同社が品質管理に精通した経営コンサルタントに調査を依頼したところ、倉庫での荷積みが不良品発生の原因であることが分かりました。

　そして、同社がコンサルタントのアドバイスによって、最新の倉庫管理システムの導入を決めようとしていた直前に、同社の新人エンジニアに、あるアイデアがひらめきます。彼はこのアイデアを同社幹部に説明、見事採用となり、問題は一気に解消されました。

　そのアイデアとは、倉庫そのものを使用せず、製品を工場から直接配送するというものでした。同社はさっそく倉庫を取り払い、配送作業を簡素化することで不良品発生率を激減させ、その上、倉庫経費などのコストを大幅に削減できたそうです。

　言われてみれば「なるほど」と思いますが、なかなかこうした発想は出てきません。「どうしたらこの仕事がうまくいくか」を考える以前に、「そもそもこの仕事は本当に必要なのか」という次元で考えてみると、意外なムダが見えてくるものです。

今までやってきたから必要とは限らない

私たちは、ともすると「今までずっとやってきた」という理由だけで、知らず知らずのうちにムダな仕事をにぎりしめていることが少なくありません。

しかし、「忙しい、忙しい」と、毎日残業を重ね、睡眠時間を削って仕事をしても、その仕事自体に価値がなければ、努力は徒労に終わってしまいます。

とはいえ、どの仕事がムダであるのかを判断するのは、実際にはなかなか難しいことでしょう。そこで提案したい方法があります。

事業の見直しを検討する時は、まず「今から新規に事業を始めるとして、この事業に進出するかどうか」を考えるのです。結論が「進出せず」なら、その事業がいくら今まで会社の看板事業だったとしても継続する価値は低いと言えましょう。

これを先の倉庫の問題に応用すれば、「出荷という目的のため、新たに配送システムを考えたとき、倉庫は必要か」と考えるわけです。そうすれば、「いや、工場から直送すれば事は済む」という結論が出てくるはずです。

経営学者のP・F・ドラッカーも、「イノベーションとは体系的廃棄である」と述べています。自らの仕事をより高度なものへと変革し、「パーキンソンの法則」を打破するために、ムダな仕事は大胆に捨てるよう心がけたいものです。

未来に向け自己を変革するカギとは

新たな視点から智慧の獲得を目指す

ビジネスの世界では、今後、新しい知識や情報の価値が高まってくるはずです。これまでも紹介してきたように、こうした流れは、あらゆる業種ですでに始まっています。智慧の時代が到来しつつあるのです。

新たな智慧を獲得するには、新しい視点で問題をとらえ、考えていくことが大切です。従来型の努力では、未来に求められる価値ある智慧が、得られないこともあるからです。

私がそのことを初めて実感したのは、今から二〇数年前のある気づきがきっかけでした。専門である金融市場の未来予測の手法に関するものです。

私が証券会社に入社した一九六〇年代の終わりごろは、市場分析のレベルはまだ低く、短期的な予測はある程度できても、中長期的な予測はできない時代でした。というより、長いスパンで予測しようという考え方そのものが、ほとんどなかったのです。

しかし、取引所の売買員として、金融市場に直接タッチしていた私は、市場の大きな潮流が読めなければ、高いパフォーマンス（運用実績）は得られないと実感するようになりました。入社四～五年目のことです。

それまでも、伝統的なパターン分析や、七〇年代当時の最新の分析技法を勉強していましたが、どうしても超えられない壁を感じたのです。

時間の法則性

打開策はないかと悩む中で、ふと思い浮かんだのが、かつて学生時代に数学の授業で学んだX軸とY軸の平面座標でした。

当時の分析方法は、市場価格の上げ下げのみに着目していましたが、横軸である時間こそ、巨大な要素ではないかと気づいたのです。時間的な法則性、つまり周期性を研究することで、未来が読めるのではないかと。

その日から私は、時間座標を軸に値動きの周期性を読み取る、テクニカル分析と呼ばれる技法の研究を始めました。やがて、一見複雑に見える市場の値動きも、短いものから長いものまで、さまざまな周期が混在している合理的な運動であることが分かったのです。

時間という新しい視点から市場分析をとらえ直すことで初めて、新たな知識技術を得ることができたわけです。これは、従来の手法に固執していたら、どんなに努力しても得られないものでした。

ささやかな例ですが、考え方におけるイノベーション、パラダイムシフトの大切さを示していると思います。その視点で経済社会を見ていくと、企業や個人の成功事例の多くは、新しい発想によってなされていることがよく分かります。

あらゆる仕事は奉仕の精神が基本

新たな分析手法が、私の武器となったわけですが、実は予測の精度が上がるにつれ、社内での私の評価は逆にどんどん下がっていきました。

というのも、当時私は、顧客に投資情報を提供する部署に異動していたのですが、会社が推奨する銘柄を、そのまま勧めようとしなかったからです。私としては自分が「買い」だと思わない銘柄を、推薦することはできませんでした。

当然、会社から見れば、やっかいな社員です。「佐々木は売る気がないどころか、営業の足を引っ張っている」と言われる。特にバブル絶頂期で、証券業界全体が「いけいけドンドン」の時代だった頃は、風当たりが強かったのです。

それでも私は、「仕事は、あくまで顧客の立場を最優先すべきだ」と考えていましたので、自分の姿勢は崩しませんでした。

そこから、アナリストの仕事につながったのは、バブルがはじけて状況が一転したからです。相場の周期性に注目した私の市場分析と、一貫して顧客の立場に立ってきた姿勢を信頼してくださる投資家の方々が増え、ことあるごとに「佐々木は何と言っている?」と、注目してくださるようになりました。

こうした顧客の評価によって、社内の信用も得ることができ、一九九三年からアナリストとして本格的な活動を開始したのです。

私はこの経験から、改めて真に顧客満足を重視することの大切さを実感しました。智慧の獲得と並んで、多くの人々に奉仕せんとする心も、ビジネスマンが意識すべき自己変革における、重要なポイントではないでしょうか。

広く経済社会を見渡しても、成功した企業や経営者の多くは、この奉仕の精神を持っています。顧客満足を考え、その上で技術や商品に創意工夫を凝らしているのです。新しいモノやサービスさえつくれば売れる時代は終わりました。これからはますます、人々の役に立とうとする仕事が、真の競争力をもつ時代になると思います。

智慧と慈悲が二一世紀の成功のカギ

私は時間という観点から、経済の周期を読み取り、未来を予測することを仕事にしていますが、その視点で現代を見ていくと、日本経済は今、大きな転換期を迎えていることが分かります。

戦後始まった大きな周期が終わろうとしているのです。しかし一つの終わりは、新たな始まりでもあります。日本経済は、次の四〇年にわたる新たな繁栄への周期に入ったと見ています。

「スピード化」「仕事の効率化」「異分野の知識の結合」など、本書で紹介してきた、様々な企業の新しい挑戦も、新時代の胎動にほかなりません。

変化のスピードが加速度を加え、従来の価値観が大きく転換する激動期です。厳しい時代ですが、同時に成功へのチャンスにあふれた時代でもありましょう。

では、新しい時代はどこへ向かうのか。

二一世紀のキーワードは「智慧」と「慈悲」であると言われています（注）。このキーワードについて、自分なりに考えを深め、それに則って自己変革をなしていくことこそ、二一世紀に成功するための鍵ではないでしょうか。

私自身、より一層社会に貢献できるアナリストとなるべく、智慧の獲得を目指していこうと、決意を新たにしています。

（注）『信仰告白の時代』（大川隆法著、幸福の科学出版）

第六章

株価予測、私の手法

時間の研究なくして予測はできない

物事にはすべて周期性がある

最後に、私が株価を予測する時の基本的な考え方、哲学について、少し説明を加えておきたいと思います。

投資分析と言いますと、ほとんどが「価格の変動」を主体にします。

グラフで言うと縦軸です。底値と底値を線で結んで、それを未来に向けて線を引っ張り、「慣性の法則」で上昇トレンドにあるのか、下降トレンドになるのかを読み取るというやり方などです。

私も初めは、価格変動を中心に勉強しました。しかし、ある時、「時間」というものが重要ではないかと気づいたのです。多くの人が縦軸ばかりに注目していますが、横軸の時間の方をあまりにもおろそかにしているのではないだろうかと思ったのです。

考えてみれば、季節が必ず春夏秋冬と巡っているように、経済も、株価も、為替の動きも変動するものは、本書でも様々な形で述べてきたように、常に一つの周期性を持っています。「生々流転の法則」が働いて、誕生し、生長し、衰退し、消滅するというサイクルを繰り返すのです。

相場で言えば、上昇し、天井を打ち、下降し、底を打つ。一日の流れでも、朝が来て、昼になり、夕方となって夜を迎えます。どんなものも循環しているわけです（図19）。

この周期性、時間というものをしっかりと理解しきれないと、株価予測のパフォーマンスは上がらないと思ったのです。それで時間の研究を始めました。

二〇〇一対二〇〇三

時間は本当に不思議です。人間の営みは、どんなに盛り上がっても、なぜか一定期間を過ぎると、下がってしまうところがあります。非常に素晴らしいものでも、いずれ飽きてトーンダウンします。どんなに良いものでも、永遠には続かない。こういう現象が実際に起きています。

実例を挙げましょう。図20は日経平均株価の推移です。Aは、第一次オイル・ショックで下がったときの底です。一九七五年です。それから勢いを得てバブルになって、それからまた下がって、次に底値を打ったのが八二年（B）です。

その間、営業日ベースで見ると、二〇〇一日かかっています。すると、やはり同じくらいの日数が経つと、その時点で天井か底を打つのです。つまり、八二年一〇月一日から、二〇〇一日くらい経つと、そこで次の大きな転換期が来ると「予測」できるわけです。

実際は、どうなったかと言いますと、二〇〇三日目の八九年一二月二九日に天井を打ったわけです（C）。時間の作用は、マーケットでは、一対一の間隔で働くというのが、最も基本的な動きとなります。

最初の底値から底値までの二〇〇一日間を因果関係で言う「因」とすると、底値から天井までの二〇〇三日間という「果」が生じるわけです。仏教で言う、一つの「縁起の理法」が働いているわけです。第一章で紹介した、四〇年周期とか、二〇年周期は、いずれも同じ考え方に立っています。

図19

物事にはすべて周期性がある

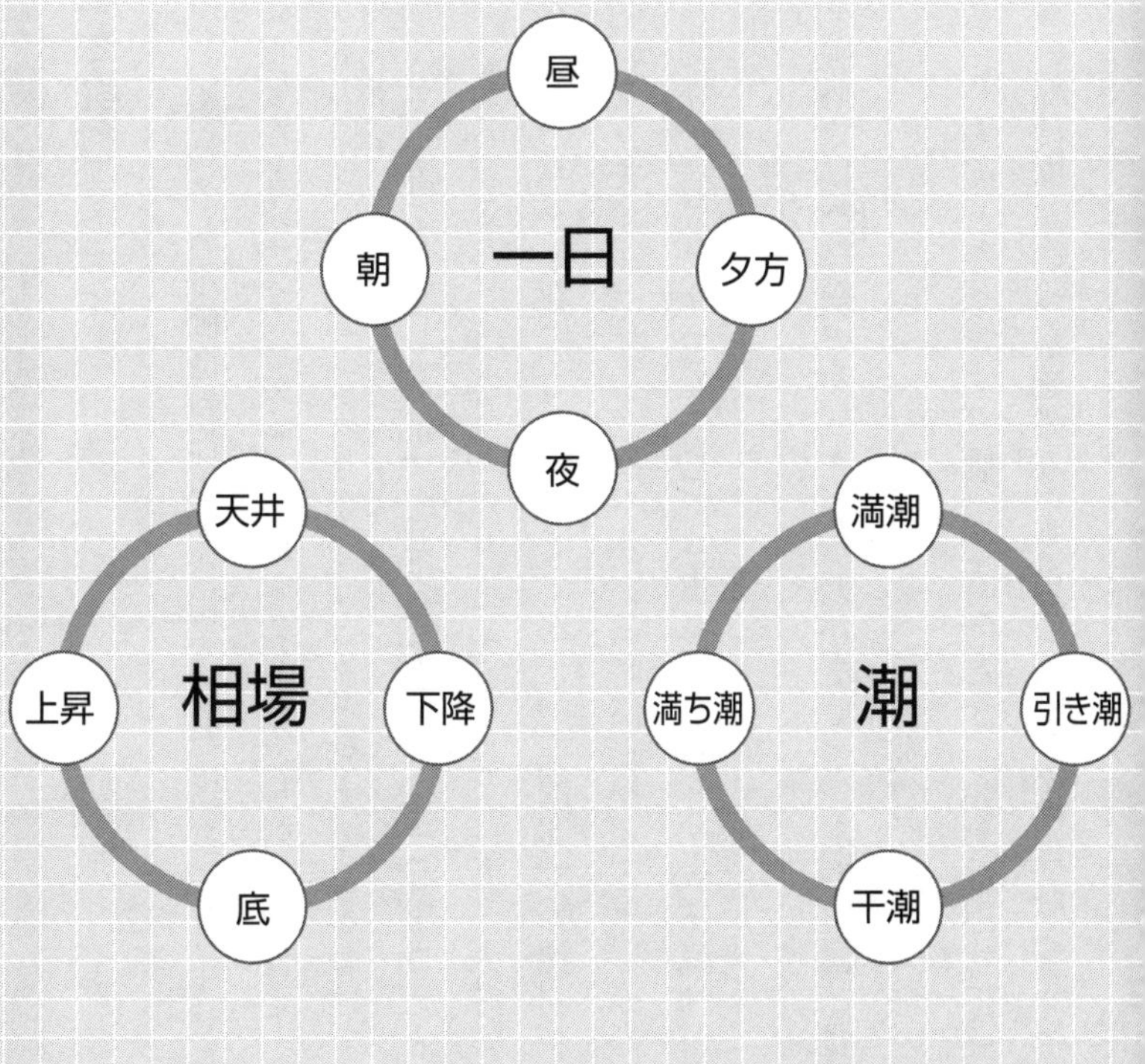

「円の理論」で相場を読む

ただし、だからと言って、縦軸である価格の作用を無視するわけではありません。当然、価格の作用も株価変動の重要な要素です。そこで、縦軸の価格と横軸の時間と、二つの作用を考えると、マーケットの原理は「円」で成り立っていると見えてくるわけです。

それを表したのが図21です。左の図は「時間」で見た場合です。一定期間ごとに、天井か底をつけるわけです。組み合わせは、「天井・天井」「天井・底」「底・天井」「底・底」と四通りしかありません。どのパターンでもいいのですが、一定期間で転換期がやってきます。少し理念的な説明になりますが、マーケットがある時に転換すると、その転換した時が原因となって、同じ関係が結果となって生じてきます。すると、次に流れが変わるときがいつ頃かという予測ができます。

真ん中の図は、それを価格で見た場合です。底から天井まで、一定の値幅で展開していきます。転換期を迎えれば、その値幅が一つの原因となって、次の展開に向かいます。

それを重ね合わせると、右の図となります。価格と時間とが、いわば円状に展開していくわけです。時間軸で次の転換期がいつかを測り、価格軸で次の転換点がいくらかを測り、

図20

2000日前後の対等数値で天井打ちした89年の日経平均株価

史上最高値38915円（89/12/29）は
2000日サイクルの対等で大天井打ち

■日経平均株価の推移

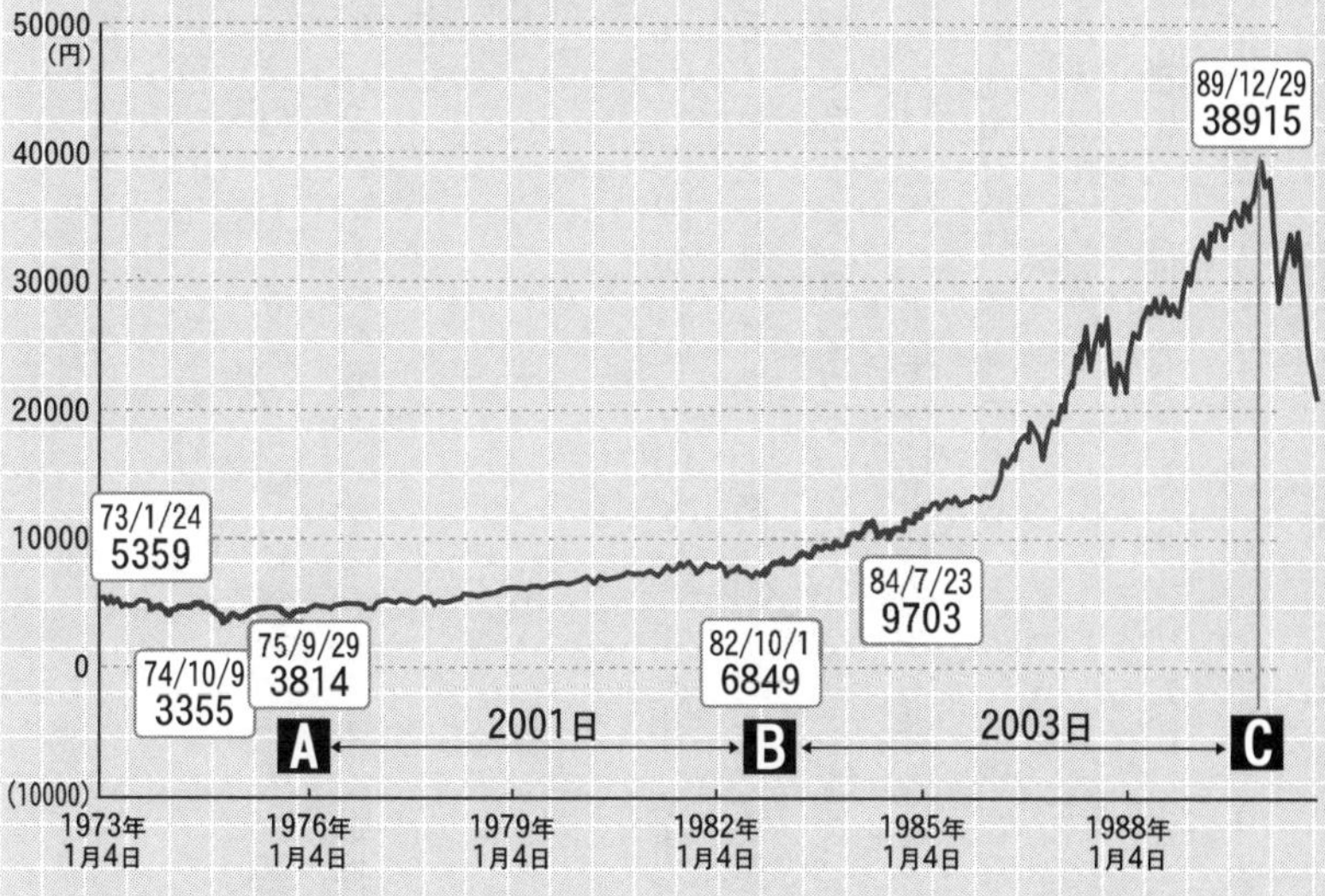

「何月何日にいくらで」転換すると読むわけです。

これを一日単位で測り、あるいは月単位で測っていくわけです。

これでやりますと、先ほどの図20で言えば、八七年のブラックマンデーの影響で株価が下がった時に、「ここは本当の大転換期ではない」と読めるわけです。「本当の転換期はもっと先の八九年末頃だ」と分かるわけです。

株価暴落の予兆を読む

値段も同じように見ていくと、三万九〇〇〇円から四万円くらいで天井になるという予測が立ちました。時間と価格と二つのモノサシで測ると、年末に四万円近くで天井を打つと予測できるわけです。これは勘でも何でもなく、ロジックで考えて導き出せるわけです。

それで八九年の大納会の日に、「天井を打った」「来年は仕事初めから株価は下がる」と言ったわけですが、当時はみんな「来年は四万五〇〇〇円までいく」「いや五万円だ」などと言っていて、まともに聞いてもらえませんでした。

危険な兆候はありました。それまで一日に二八億株くらいできていた商いが、その時には一〇億株くらいに減っていたのです。株価が上がっていて、商いのボリュームが減ると

図21

時間と空間の基本概念

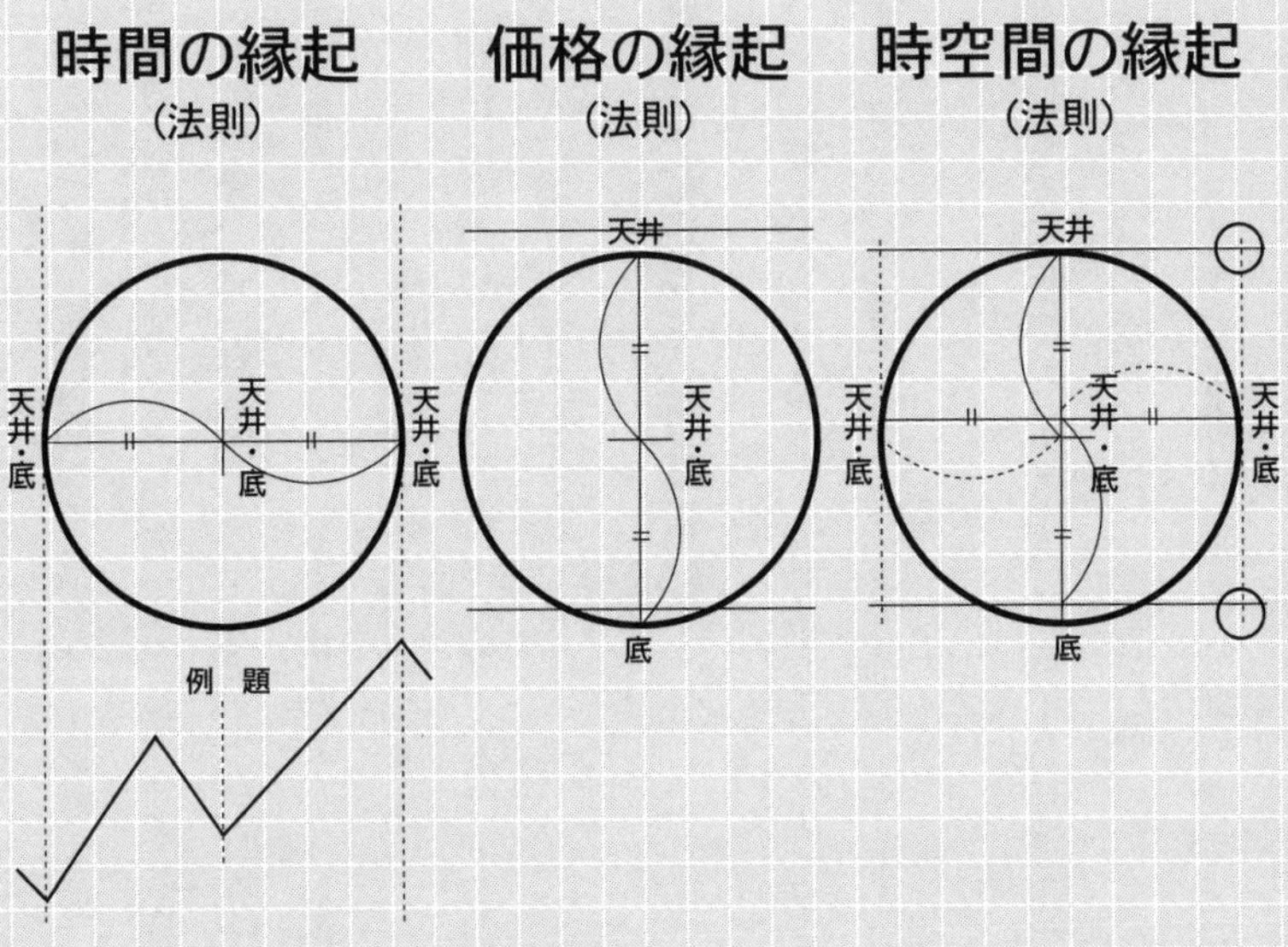

いうのは、非常に危険な状態なのです。典型的な下落のサインです。

普通、値段が上がる時というのは、株価でも、為替でも、何でも、参加者の人気が高まってボリュームも増えていくものです、価格の矢印と、ボリュームの矢印が同じ方向を向く。これが通常の状態で、相場が健康なマーケットにある状態です。しかし、しばらくすると、価格が上がっているのに、ボリュームが横ばいになってきます。「ちょっとおかしいぞ」という段階です。さらに、価格は上がっているのにボリュームは下がっているという状況になります。こうなると「いよいよ近いですから気をつけよう」という状態です。

人気株が高値更新できなくなると天井が近い

なぜ、こうなるかと言うと、値上がりすると、売り惜しみが出てくるわけです。「もうちょっと高くなりそうだから、売るのは待とう」という心理です。すると、商いのボリュームが減るわけです。

こういう現象が起きると、長くて二年持ちません。八八年七月に商いが二八億株あったのに、その後、株価は上がったが、商いが二〇億、一〇億と減っていきました。

もう一つ、それまで上昇をリードしてきた株が、日経平均が上がるにつれて、前の高値を更新できなくなるという現象が起きました。この現象も要注意です。

実は銀行や証券、電力、ガスといった人気株が、八七年四月くらいに天井を打っているのです。ブラックマンデーでニューヨークの株式が暴落して、一回急落したのですが、その後また日経平均が回復していったのに、銀行や証券といった銘柄は以前の高値を更新できなくなったのです。出来高も更新できなくなりました。八九年の夏場になると今度は造船株も以前の高値を抜けなくなります。

八九年の七月以降は、それまで三年も四年もマーケットを引っ張ってきた金融、電力、ガス、鉄鋼、造船といった銘柄が、次々と上値を抜けなくなっていました。代わりに奮闘していたのが、不動産、建設、商社といった、その後の代表的な不況業種となる銘柄です。こういう相場現象が起きます。これは経験則として、起こる動きなのです。

これを時間と価格の法則性と合わせて予測するわけです。

総合的に見ることが大切

様々な法則性に合わせて、長年の経験則も参考にし、両者を組み合わせて最終判断をするわけです。この両方を見ることが大事です。

私たちの業界のストラテジストもエコノミストも往々にしてやりがちなのは、全体のデータだけでみて、それを構成する細かな要素を見ないことです。

例えば、日経平均というのは、二二五銘柄で成り立っているわけです。一つ一つの銘柄をきちんと見ないといけません。大は小なり、小は大なり、と言います。一個一個積み上げて見ていきながら、大きなところから見て因数分解的に分析する、といった両方が必要なのです。二つの視点を持たないと大きな転換点が見えないからです。一つのモノサシだけでやると机上の空論になります。

私の場合、日経二二五の銘柄はもちろん、少なくとも東証一部、二部、ジャスダックに上場している銘柄は、一週間に一回はすべてチェックしています。

さらに、あるセクターの中で何か共通点があるかどうか、あるいはバラッキがあるのかという目でもチェックします。細部を見ながら、全体を見るわけです。

元々、私は「場立ち」という現場上がりです。市場の細かい変化を肌で感じて生きてきました。どういう注文が、どういうタイミングで入ってきて、株価が構成されていくかというのを、目の前で一〇何年も目を凝らして見てきたのです。

例えば、ある銘柄がバーッと上がっていく場合を考えてみましょう。株価五〇〇円が五五〇円に上がるとして、当時の証券大手四社から一〇〇万株ずつドカドカと買われて上がる場合と、小さく一万株や一〇万株ずつ買われてじりじり上がっていく場合があるとします。上がった値幅も、出来た商いも同じです。

しかし、小口注文が相次いで上がった場合は、面白い相場になることがあります。参加者が多い場合は、さらに上がっていく可能性があるのです。こういう時は「買い」判断をするわけです。一方、大口注文がバタバタと入って上がった場合は、案外次の展開がないわけです。こういう時は買わないわけです。

表面的な値動きだけ見ていると、この微妙な感覚は分かりません。実際、それが分からずに売り買いしているディーラーやデイトレーダーがいるようです。

その意味で、経験則というのも非常に重要です。おそらく場立ち出身のアナリストはほかにはいないでしょう。場立ち自体、すでになくなってしまったので、私が第一号で、最後です。

値動きの中から法則性というものをいかに見つけ出すか、そして、重要な経験則をいかに見つけ出すか。さらに、そうした法則性のあるモノサシをいくつ持っているか。このモノサシが豊富になるほど、「あっ、ここで流れが変わるな」と分かるようになります。

具体事例で学ぶ予測術

経験則で予測する

日経平均のピークは八九年一二月二九日でした。一方、トピックスで見ると、ピークは一二月一八日でした。

ブラックマンデーの時はどうか。日経平均は八七年の一〇月一四日でした。この時のトピックスの高値は八七年五月一七日でした。

つまり、トピックスは日経平均の重要な高値安値に対して先行するという経験則があるわけです。特に大きな転換点では、そういうことが言えるわけです。

これはなぜでしょうか。それは、それぞれの値がどうやって作られているかをみれば分かります。トピックスというのは、ベースは東証一部上場全銘柄の時価総額です。時価総額は、大型コンピュータを使っても、どの株がいくら上がれば時価総額がいくらになるかといった計算がなかなかできません。言い換えれば、操作できない株価指数なのです。

一方、日経平均は二二五という限られた銘柄で成り立っています。その中の四〇～五〇銘柄を買っていったり、日経平均二二五の銘柄を買っていくインデックスファンドなどにお金が入っていったりすると、値段が動きます。トピックスよりは、動かしやすいのです。

そして、相場の実態がより現れるのは、トピックスです。ＩＴバブルの時は、日経平均のピークは二〇〇〇年四月一二日ですが、トピックスの高値は二月七日です。やはりトピックスのピークやボトムは日経平均よりも先行するのです。これは重要な経験則です。

今回の二〇〇三年の株価の底打ちも同じ現象が起きました。二〇〇三年のトピックスのバブル後最安値は三月一一日でした。日経平均は四月二八日でした。

リアルタイムで見るとどうなるでしょうか。まず、トピックスは安値を更新しなくなったという現象が起きます。しかし、一方で日経平均は相変わらず下がっているわけです。それでもトピックスが安値を更新しなければ、いよいよ大きな底を打ってマーケットは転換するという予測が立ってきます。トピックスは七七〇ポイントで、日経は七六〇七円になりました。日経は下がっているのに、トピックスは割れてこないので、私は「これは変わる！　遅くとも五月二一日には変わる」と読みました。株価は四月二八日に底を打って大して動いていなかったのですが、これまで説明した「時間」というモノサシで測ると、五月二一日がいよいよ流れが変わるという時期になっていました。実際、その日から、株価がボーンと上がり始めました。経験則で、潮目の移り変りを察知し、時間の影響で、時期を見極めたわけです。

「価格」というモノサシで予測する

価格の影響も、実例で見てみましょう。

図22はアメリカのNYダウの値動きです。一九三二年に四一ドルの安値です。四二年の安値は九二ドルです。大暴落した相場が修復して上がり出すまで一〇年かかるわけです。

それからずっと上がって九四年の一月に四〇〇〇ドル近くまで上がりました。四二年から九四年ですから、五二年かかっています。五二年間の上昇エネルギーは、価格で見ると三八八六ドルの上げ幅となって現れています。この三八八六ドルというのが値幅における一つのサイクルになります。通常は、これが一回転して終わります。しかし、何十年に一度、これが二回転することがあります。NYダウで、それが起きました。

三八八六ドルを二回転させると一万一七五〇ドルとなります。実際に、二〇〇〇年の一月につけた高値が、一ドルもたがわずピッタリと一万一七五〇ドルとなりました。これが

図22

NYダウの高値を検証

NYダウ11750ドル（00/1/14 のザラ場の高値）
天井打ちの証明

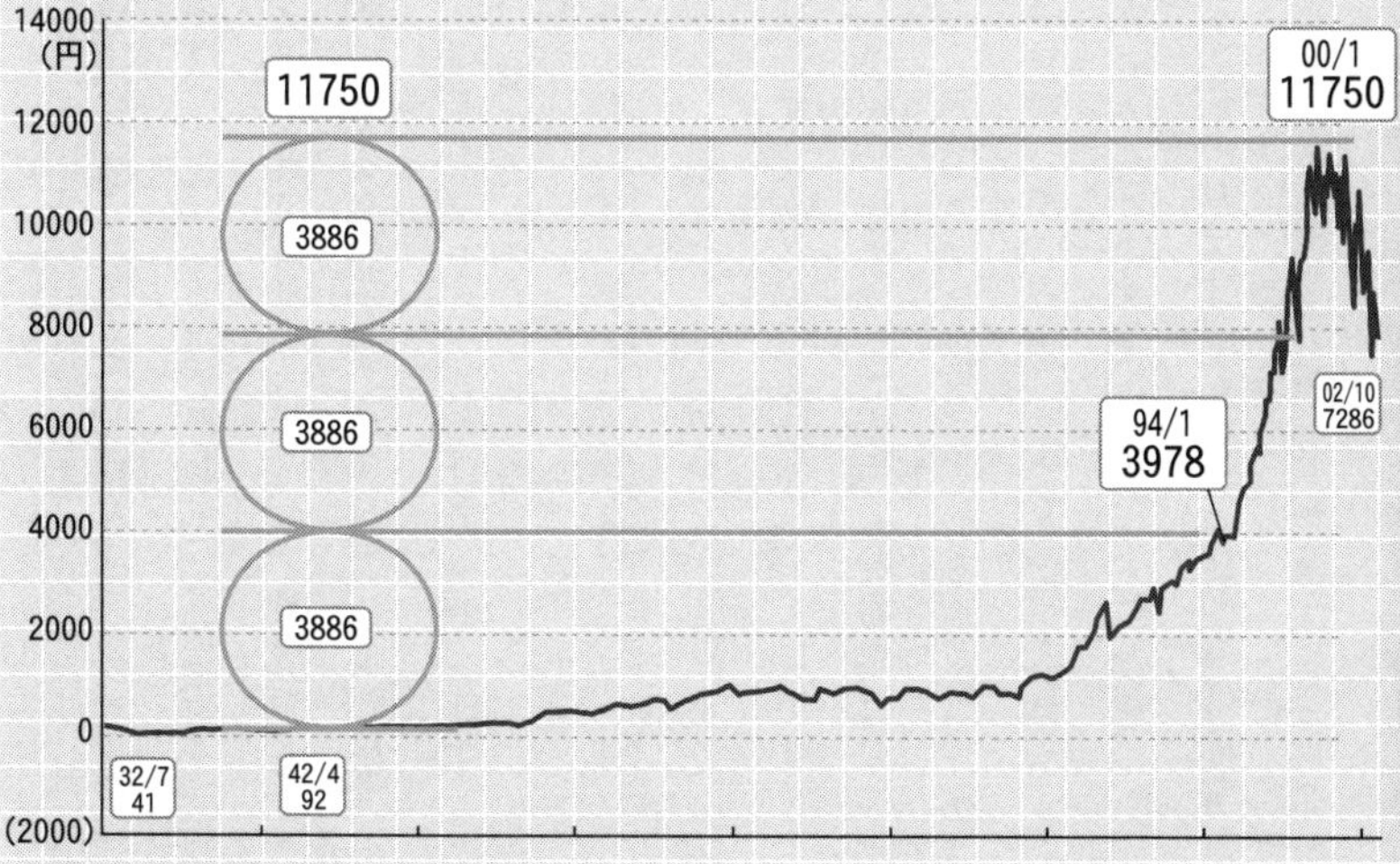

値幅の法則です。こういうことが現実に起こりうるわけです。

個別銘柄でも同じことが起きます。ソニーも二回転して高値をつけました（図23）。一万一四〇円という値幅が一回転分のエネルギーです。これが二回まわると、三万三七七〇円になります。これが計算上予測できる高値です。それで、実際はどうなったかというと、三万三九〇〇円です。わずか一三〇円違い。しかも、予測値を抜いたのは、高値をつけた一日だけでした。

個別銘柄だと一〇〜二〇年に一回、インデックスだと数十年に一回、こういう現象が起こるということを私は知っていました。知っていたから、二回転まではいくと予測しておくわけです。可能性として最大でここまであると予測しておくのです。

多くの人がしているのは株価の「予想」です。私がしているのは「予測」です。

多くの人が「予測」をしているつもりで、「予想」をしてしまっています。予想とは、予め想うことです。「こうなってほしい」という想いがそこに入ります。私もディーラー時代には、「予想」ばかりしていました。「こうなるはずだ！」と思って相場を張って、売り抜けられずに真っ青になったことがあります。しかし、時間の研究を始めて、「予想」をしてはいけないのだと気づきました。相場には法則性があり、「時間」というモノサシ

図23

中期の2E計算値で天井打ちしたソニー

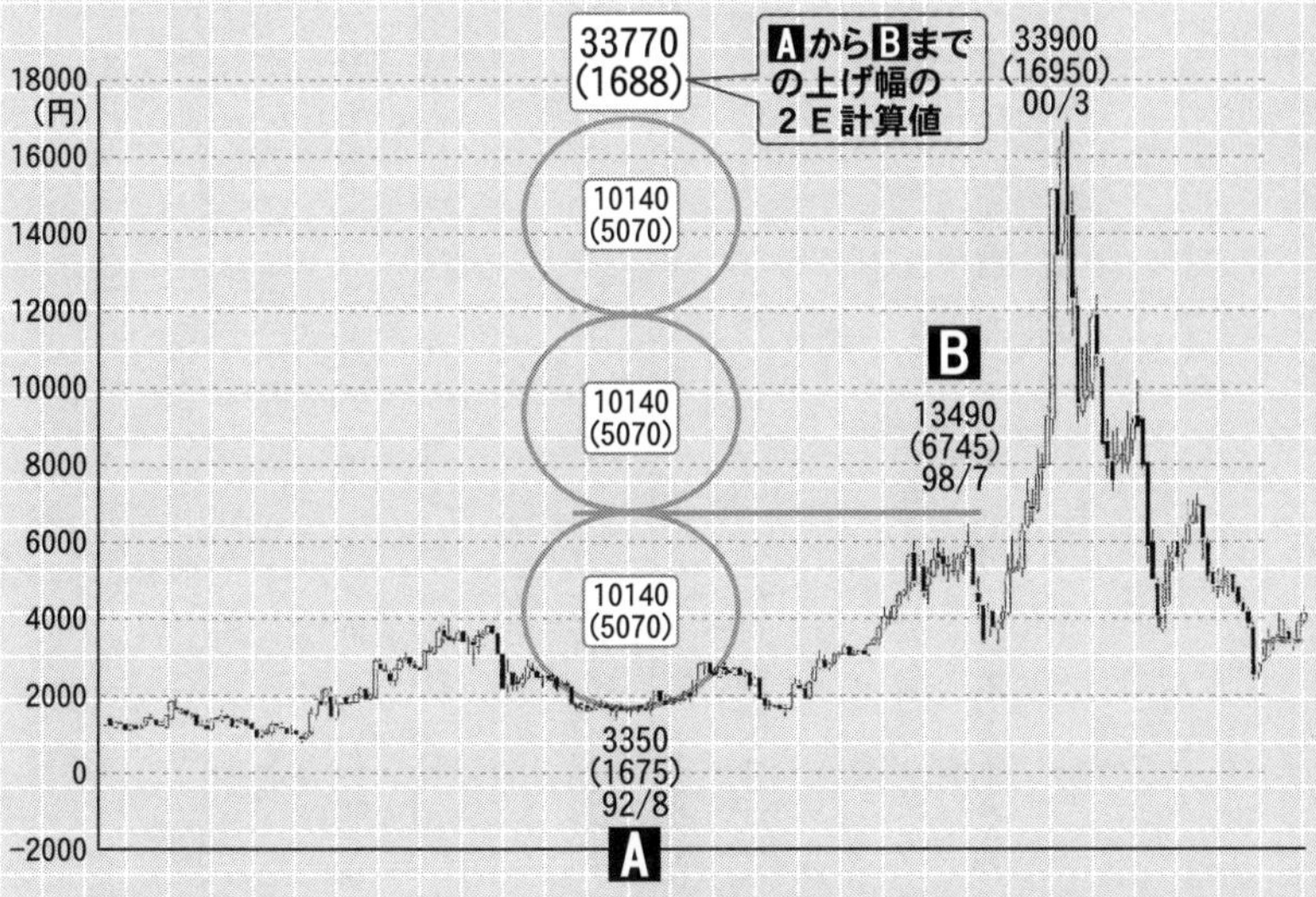

33900円（分割処理価格16950円）は中2E計算値で頭打ち

を使えば、株価は「予め測る」ことができると気づいたからです。

「予測」することの利点は、実は外れた時にあります。測った方向に相場が行かない時は、予測の根底にあるものが間違っていることを示しています。すると、もう一度考え直すことになります。使っているモノサシを間違えたのか、モノサシに色眼鏡をつけて読み方を間違えたのか、色々と検討し直すわけです。モノサシには大小、長短、色々な種類がありますので、間違えやすいのです。

しかし、間違えたことを自覚し、その原因が分かれば、修正できるわけです。モノサシを替えて測り直せば、立て直せるのです。これが「予想」だと、中々修正が効きません。「こうなるはずだ」と自説にこだわったり、なぜ外れたのかが理解できずにパニックに陥ったりします。

相場にある法則性は変わりません。ですから、間違えたのなら、モノサシや見方を間違えたのであって、適切なモノサシ、適切な見方さえすれば、修正が効くのです。そこが「予測」の素晴らしいところです。

トヨタとタケダのケースで見る

もう少し具体例を見てみましょう。

図24は、トヨタの株価です。まず九七年に天井をつけ、次に二〇〇〇年に高値となっています。その間、七三一日です。底値は二〇〇三年の四月一四日ですが、これは二〇〇〇年の高値から七三四日目です。七三一日と七三四日、三日違いです。ほとんど同じ期間と言ってよいでしょう。これは時間で見た場合です。

では、同じトヨタの株価を、今度は価格の方で見てみましょう。図25です。底値からの上げ幅に注目します。八五年九月から九七年五月までの一二年間の上げ幅は三二八一円です。これが、下げのエネルギーになると考えると、二〇〇〇年四月の高値から同じだけ下がるという一つの可能性が出てきます。すると二五一九円という数字が出ます。

また、もう一つの可能性として、八二年八月の底値を基点と考えると、九七年まで一五年かけて三四二九円上がったという見方もできます。この上げ幅分だけ下がると考えると、二三七一円まで下がるという予測も出てきます。

ここに、二五一九円と、二三七一円という二つの可能性が出てきました。そこで、この

転換が生じている

図24　■トヨタの株価の推移（時間で見る）

対等数値でも相場の

対等数値でも変化を起こしたトヨタ

図25　■トヨタの株価の推移（値幅で見る）

二つの値を足して二で割ると、二四四五円という数字が出てきます。これを仲値と言います。これが下げ幅の一つの目安になるわけです。そこで、「二四四五円が近づいたら、底を打って転換する可能性があるから、買ってください」という話ができるようになります。で、実際はどうなったかというと、二四五五円で底を打ったわけです。わずか一〇円違いでした。法則性に則って、予め測っておいた地点で、相場が転換したわけです。

もう一つ、武田薬品工業の株価を見ましょう（図26）。

八七年から九二年までの五年間で二三六五円下がりました。この下がった分が、上に回転したわけです。この場合も二回転しました。すると計算では八〇七五円という予測が立ちます。実際は、二〇〇〇年につけた高値は八〇八〇円でした。五円違いです。

さらに、上がっている中で、二〇〇〇年一月から四月までの上げ幅は、三七二〇円となっています。それで、一度急落して、また上がってピークになりました。ここから、やはり同じ三七二〇円下がったところが、底を打つ可能性のある数値となります。すなわち、三七七〇円です。実際は二〇円違いの三七五〇円で底を打ちました。ここから株価は上がって、今や六〇〇〇円以上にまでなっています。

図26

武田薬品の中勢計算値の実例

武田薬品　8080円（00/ 4）天井打ちと
3750円（03/ 4）の底打ちの証明

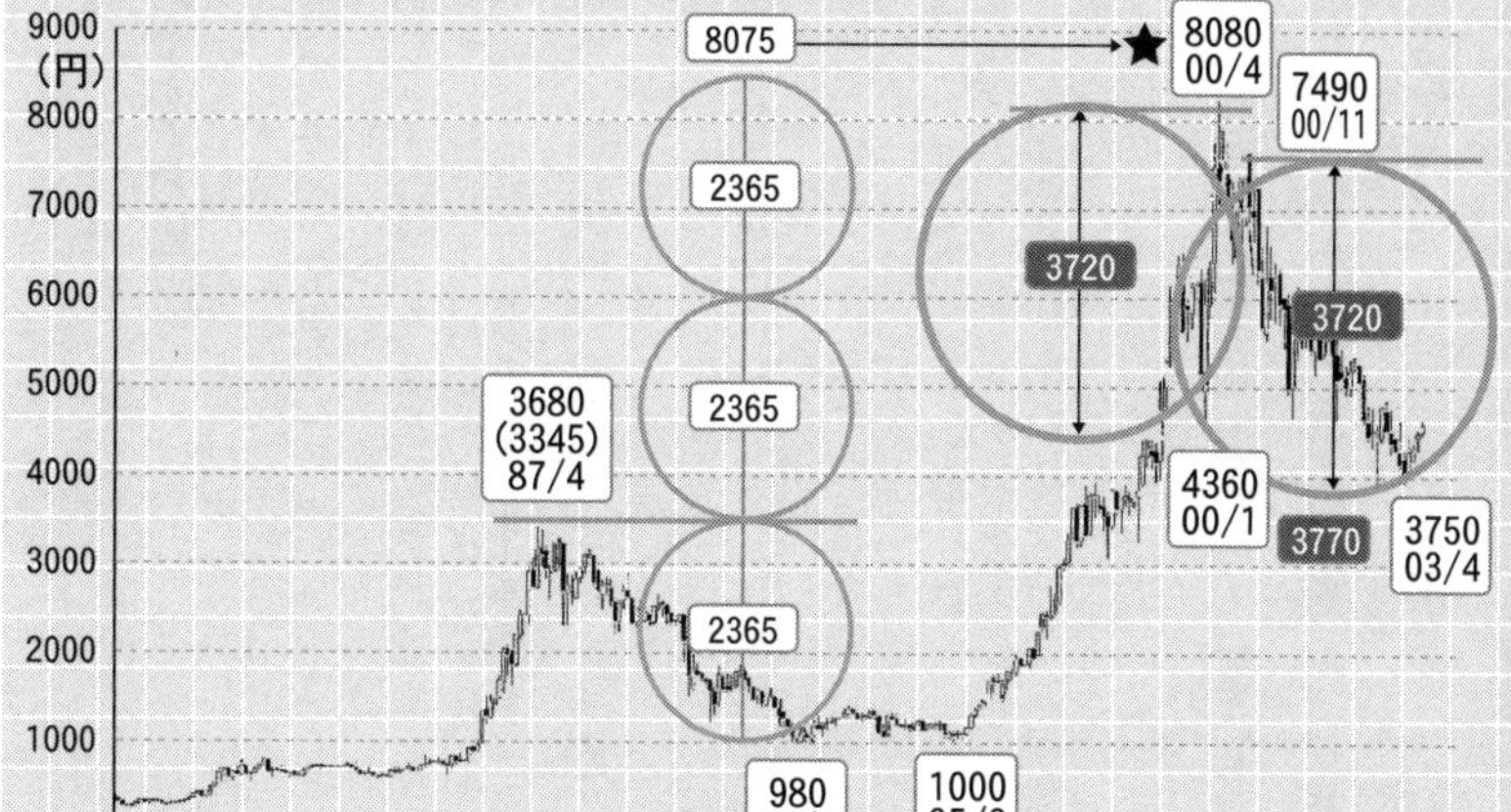

二五年以上にわたる緻密なチャート分析

時間と価格によって、株価が予測できることをなるべく分かりやすい典型的な事例を使って説明してきました。以上の内容は、すべて入門の入門といった内容になります。実際は、さらに複雑な分析をします。図27と図28は、日経平均とＮＹダウの値動きを分析したものです。プロ向けのシートなので説明は省きますが、実際のチャート分析の雰囲気だけでも知っていただければと思います。

要するに、単に時間で測りさえすれば、的中するというものでもなく、やはり長年の経験と努力でセンスを磨く必要があるということです。

私の場合、過去の値動きを長年にわたって検証してきました。大学受験でいう「過去問」です。過去に起きたマーケットを、「法則性ありやなしや」という視点で細かく見ていくわけです。

昔は手書きでグラフをつけました。四〇〇銘柄以上つけていました。その時々に、最も値上がりしそうな銘柄を選んで、五年から一〇年、過去に遡ってグラフ化したのです。日足（一日の値動きを一本のローソク足にする）と、さらに月足（一月の値動きを一本のロー

図27　日経平均～中長期サイクル

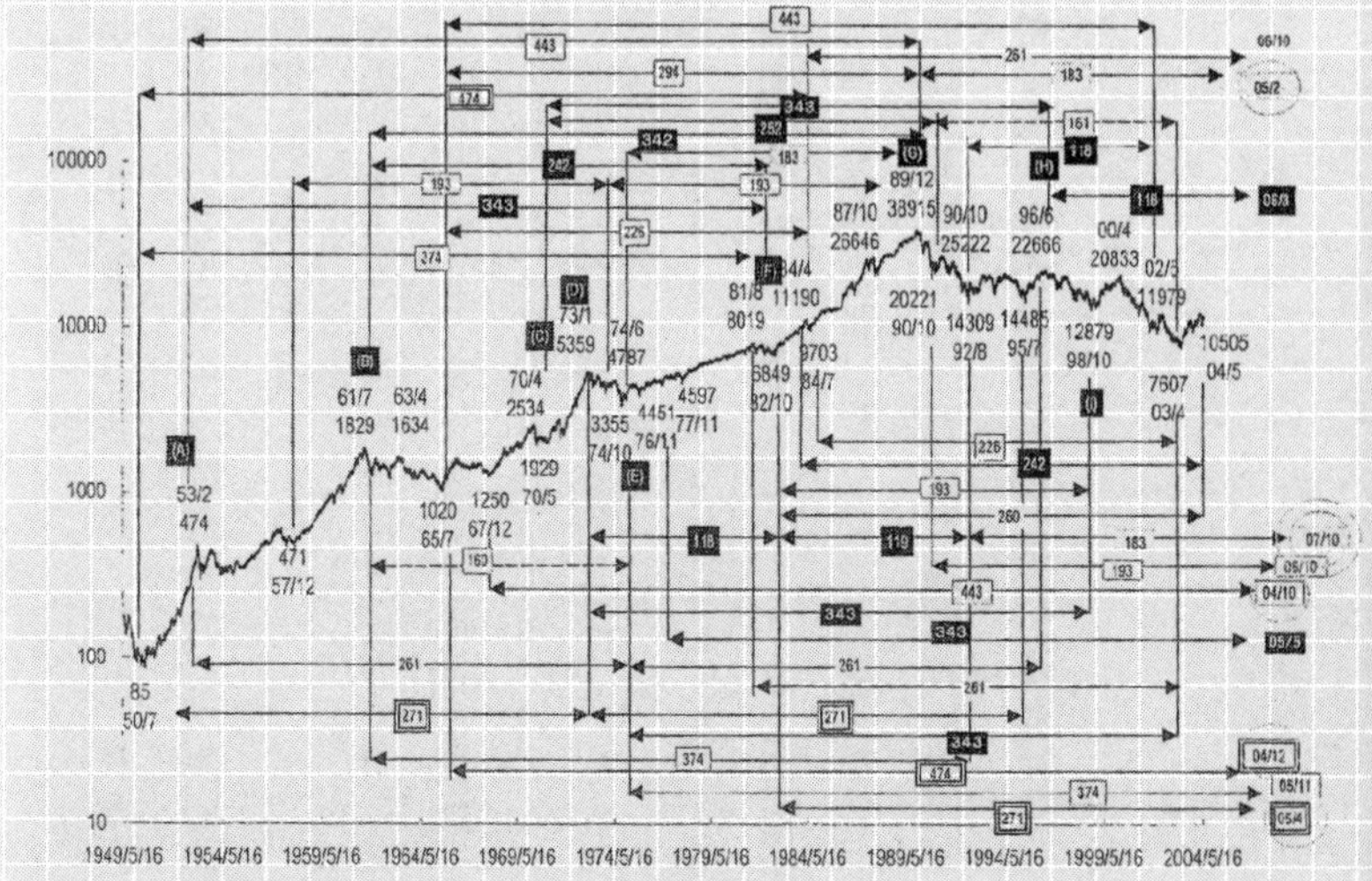

図28　NYダウの検討

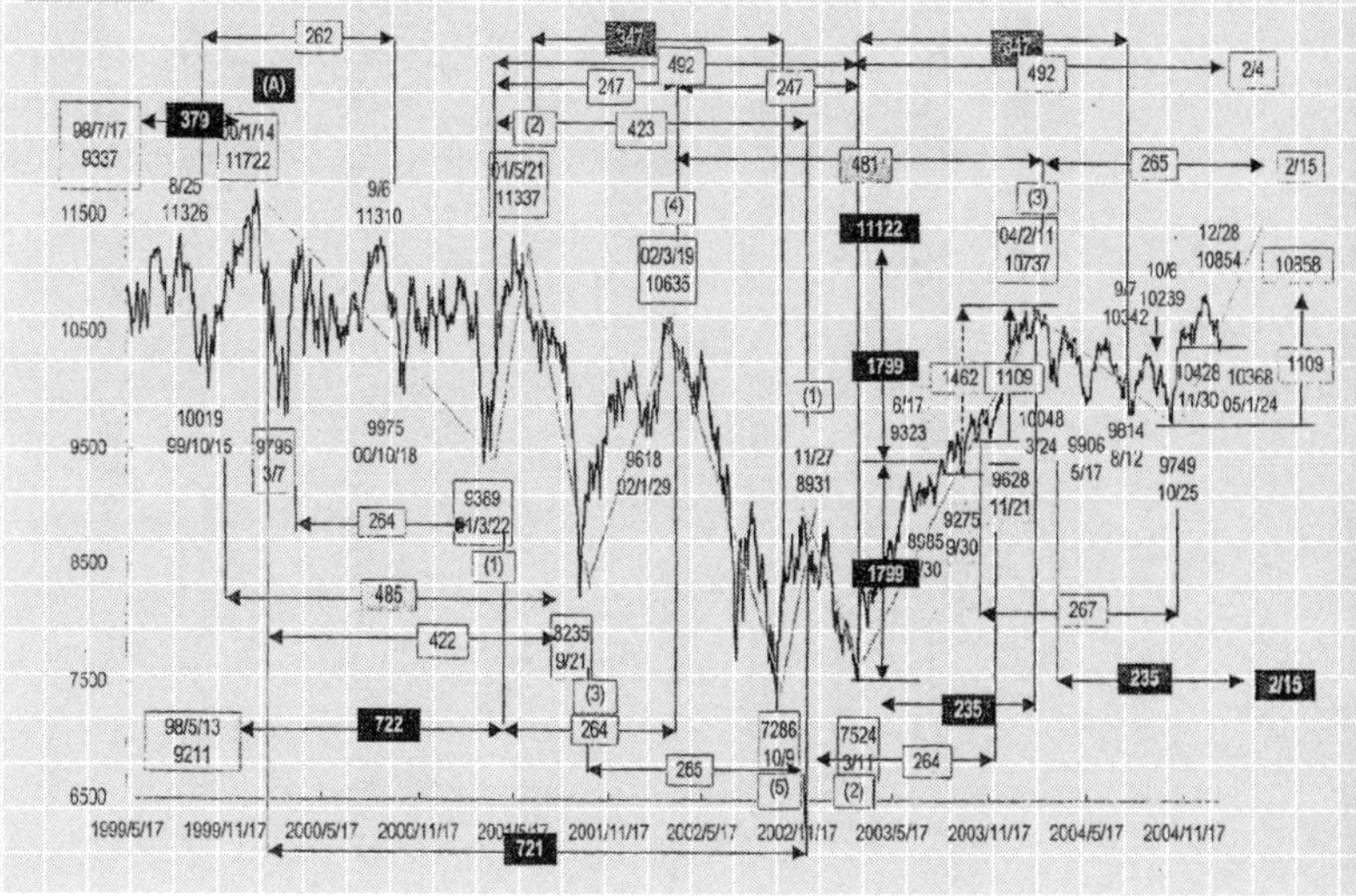

ソク足にする）とつけました。短期と長期と両方見る必要があるからです。

一年もつけると、一つの銘柄だけで大きなグラフ用紙が五枚から一〇枚にもなります。それを四〇〇銘柄です。

それに、独自のカレンダーと透明のモノサシを考案しました。これを使うと、どこからどこまで何日かが分かるという時間を計測できるモノサシです。「今から一〇〇日後は〇月〇日」「今から二〇〇日前は〇月〇日」というのがすぐに割り出せるようなものです。

私は四三歳でアナリストとしてデビューしたのですが、入社半年後から、こうした研究を始めています。一八歳から四三歳までですから、デビューするまでに二五年間にわたって、株価の分析をしました。そうした蓄積があって初めて、「これはあの時の相場に似ている」という経験則が働いているわけです。先述したように、場立ちとして売買の現場に一四年もいましたし、ディーラーとして何年も実際に株の売買も経験していますので、決して机上の空論だけで分析しているわけではないつもりです。

「縁起の理法」がすべての基本

ファンダメンタルズも無視しない

普通、私のようにチャート分析を専門とするテクニカル・アナリストは、ファンダメンタルズはあまり見ません。それはエコノミストの領域であって、自分の領域ではないと考えられているのです。テクニカル・アナリストからすれば、「あんな四半期に一回しか出ないデータを見てどうする」と言うし、エコノミストからすれば「あんな過去のデータばかり見てどうする。学問性もないし」と言うという感じでしょうか。

しかし、私はファンダメンタルズも一つのモノサシとして活用しています。設備投資、雇用データ、景気ＤＩ、ＣＩ、機械受注、損益分岐点といった、本書で取り上げたようなデータは、すべて見ています。一ヵ月に一度発表されるようなデータはほとんど見ています。もちろん、時価総額やＧＤＰも見ます。

また、個別の銘柄を判断するときに使っているのが、「一・三・五」の法則です。例えば、企業の売上高が伸びていく場合、ずっと同じ勾配で上がっていくのではなく、まず一〇億とか一〇〇億というところが壁になります。しかし、その壁を突破すると、今度は三〇億とか三〇〇億が壁になります。それを突破すると、今度は五〇億、五〇〇億が壁になるという経験則です。これがいろんな局面で働いています。

もう一つは、単純ですが一人当たりの売上高です。これを見ると、タケダやトヨタは八〇〇〇万円くらいです。この数値が高ければ、それだけコストをかけないで企業経営ができていることになります。これをチェックしていると、意外な企業が高かったり、あるいは一見成長しているように見えながら、実は効率が悪いという企業が見えてきます。ある有名な企業は、一人当たりの売上高が八〇〇万円しかないところがあります。これでは人件費に福利厚生とか医療費を入れたら下手したら赤字になるというレベルです。これでは成長しているとは言えないわけです。

さらに、実際に経営者にあって、経営者の思想なり人生観なりを見るということも大事です。素晴らしい経営者に出会うと、本当に成長するなと確信が持てるようになります。

新聞の読み方――賞味期限の長い記事を探す

新聞の読み方も「時間」を重視します。

注目企業や、注目技術の記事を時系列に並べて見るのがポイントです。すると、どういう方向にその会社が動いているか、あるいはその技術はどう発展しているかが分かります。記事自体は、新聞発表ベースの普通のものばかりです。中でも特集記事や、いわゆるベタ記事に注目します。

二、三〇年前は、スクラップを山ほど作っていました。しかし、色々と工夫して読み続けるうちに、効果的に読み取る感性が出てきました。少しずつ、賞味期限の短い記事から、賞味期限の長い記事を見つけ出すことができるようになったのです。

例えば、革新的なテクノロジーに関する記事は、すぐには実用化しないものばかりです。そして「これは実現するまでに何年かかるか」と見ます。そして関連記事を追いかけます。記事が出なければ「この会社は諦めたのか」と思うし、出れば「やろうとしているのか」と判断できます。このような読み方をすると、テクノロジーとか経営思想とかビジネスモデルとか、簡単に出たり消えたりしません。二年、三年、五年と続いていくのです。賞味期限が長いわけです。一方「今期何%増益」とかいう記事は、その時だけで、すぐに終わってしまいます。

その意味で「結論を報じた記事」よりは、現在進行形の記事を見ていきます。まだ途中であって、続きのある記事です。こういう記事は、将来、どういうところにつながっていくのだろうと考えることができます。予測するわけです。「もしこれが将来、本格的なものになったら、こういうことになるよね」というイメージを考えていきます。そういうものをスクラップします。そして、関連したものを、時系列に並べるのです。

記事自体は、ジャンル別には分けません。すべて単純な時系列で並べるだけです。そして半年に一回、ファイルを取り出して、「あの時は賞味期限が長いと思ったけど、今見ると短いな」というものを捨てます。

読む新聞は、日経本紙と日経金融、日経産業、日刊工業、ビジネスアイ(日本工業)の五紙は必ず目を通します。雑誌は、その時々で興味のある記事を選んで読みます。

すべてを「縁起の理法」で見ていく

要するに、すべてを「縁起の理法」で見ていくというのが、私の基本スタンスになります。

縁起の理法とは、原因・結果の法則であり、株価を読む時も、経済データを分析する時も、新聞を読む時も、すべて「何が原因になって、どういう結果を生むか」という視点で考えます。私の時間論は、すべてこの縁起の理法が基本です。

株価の動きも、企業の営みも、新技術の展開も、文明の興亡も、すべて縁起の理法が働いています。この観点で見ていくと、大きな流れが見えてきます。そして、未来もある程度予測できるようになるのです。

あとがき

本書の第一章では筆者の歴史観を述べさせていただきました。これまでお会いさせていただいた経営者の方々やお客様、友人たちの中で非常に優れた方だなと思った方に共通することの一つが、自分の歴史観をもっておられるという点にあったからです。

もちろん、日本と中国が近代における歴史認識の違いから軋轢が起きていることからみても、全ての人が同じような歴史観を持っておられるわけではありませんでした。歴史に対する認識や考え方が違っていることを責めるよりも、「ああ、そのような考え方があるのか」、それも一つの見識であると受け止めた方が自分の思想を練っていく上で非常に大きなヒントとなっているのです。

経験に学ぶことも極めて重要ですが、それ以上に歴史に学ぶことができなければ、時代が大きく変わっていこうとするときに判断を間違ってしまうと実感したのです。

幕末の頃に藩を脱藩して日本を変えようと努力した坂本竜馬などの当時の若者たちと、脱藩した浪人たちを危険分子として切ろうとした新撰組などにいた若者たちは、時代認識が違っていたと思うのです。

現在の体制を維持することが良いことだと考えた人たちと、体制を変えないと日本は欧米の植民地になってしまうと考えた人たちがいたわけです。結果はどちらが正しかったかは、今を生きる私たちは知っています。しかし、歴史の渦中にいますとなかなか解らないものです。このような時に、歴史からしっかりと学んできた人は、判断を間違う確率がかなり小さいと言えます。

現代のような激変期には、自分なりの歴史観を持つことが非常に大事であると思います。稚拙かもしれませんが、筆者なりの歴史観を提示しました。

第二章は、現代をどのように考えているかについて述べさせていただきました。

第三章から第五章は「ザ・リバティ」誌に一九九八年以降、三回にわたって掲載させていただいたコラムです。中には七年ほど前に判断した内容も数多くあります。通常ですと新たに書き直すものが多数あるのですが、現在でも執筆当時に判断したトレンドが続いているものが割合多いので、数字データを現在のものに変えました。日本経済が再び飛翔しようとしていると考えまして、この本を刊行させて頂きました。

この本が読者にとって何らかの参考になれば幸いです。

本書は月刊「ザ・リバティ」（幸福の科学出版刊）に連載した『未来産業・黎明の時』（九八年六月号～九九年四月号）『繁栄への変革』（九九年八月号～二〇〇〇年六月号）『観天望気』（二〇〇五年五月号～連載中）を再編集したものに、新たな書き下ろしを加えたものです。

本書で使用した図版の出所は、すべて著者作成のものです。

また、本書の内容は、すべて著者の個人的見解に基づくものであり、有価証券等の売買を前提とした情報提供を目的とするものではありません。

著者プロフィール

佐々木英信（ささき・ひでのぶ）

1950年、長崎県生まれ。日興証券を経て、現在、大手証券会社でテクニカル・アナリストとして活躍する。日経金融新聞人気アナリストランキングで９年連続ナンバーワンを記録したトップアナリスト。「生々流転の法則」や「縁起の理法」をベースにした独自の相場分析で、海外では「ブッディスト・アナリスト」と呼ばれている。著書に『経済大動乱』（総合法令）、『一目均衡表の研究』（投資レーダー）、『相場と精神』（投資レーダー）。

史上最強の経済大国 日本は買いだ
――「黄金の40年」が始まった

2006年2月5日　初版第1刷発行
2008年2月4日　　　第6刷発行

著　者／佐々木英信
発行者／本地川瑞祥
発行所／幸福の科学出版株式会社
〒142-0051 品川区平塚 2-3-8
TEL.03-5750-0771

http://www.irhpress.co.jp/

印刷・製本／中央精版印刷株式会社

落丁・乱丁本はおとりかえいたします

ISBN978-4-87688-542-8 C 0033

幸福の科学出版の雑誌

1冊まるごとQ&A
心の健康誌
アー・ユー・ハッピー？
毎月15日発売
定価520円（税込）

「これから」を見抜く人の
心の総合誌
ザ・リバティ
The Liberty
毎月30日発売
定価520円（税込）

全国の書店で取り扱っております。
バックナンバーおよび定期購読については
下記電話番号までお問い合わせください。

幸福の科学出版の書籍、雑誌は、インターネット、電話、FAXでもご注文いただけます。
1,470円以上送料無料！ http://www.irhpress.co.jp/（お支払いはカードでも可）
フリーダイヤル 0120-73-7707（月～土/10時～18時）
ファックス 03-5750-0782（24時間受付）